Brigitte Schneidermann

Retriever

richtig pflegen und verstehen

Experten-Rat für
Erziehung, Pflege
und Ernährung

Farbfotos:
Monika Wegler

Zeichnungen:
György Jankovics

GU GRÄFE UND UNZER

Inhalt

Vorhergehende Doppelseite: Drei prachtvolle Golden Retriever. Das Fell darf laut Rassestandard jede Farbschattierung von gold bis cremefarben aufweisen.

Diese beiden Labrador-Welpen spielen mit einem Kauring.

Vorwort

Intelligent, mutig, ausdauernd, von freundlichem Wesen und lässiger Eleganz - so lassen sich die Retriever kurz und treffend beschreiben. Am bekanntesten ist der Golden Retriever mit seinem »schmelzenden« Augenausdruck. Aber auch die anderen fünf: Labrador, Flat coated, Curly coated, Nova Scotia Duck Tolling und Chesapeake Bay Retriever stehen dem Golden in keiner Weise nach.
Wie Sie Retriever, die ursprünglich vor allem zur Jagd eingesetzt wurden, auch als Familienhunde artgerecht halten können, erklärt Ihnen in diesem neuen GU Tier-Ratgeber die Retriever-Expertin Brigitte Schneidermann.
Sie erfahren Wissenswertes über die Abstammung der Retriever und lernen die einzelnen Rassen im Porträt kennen. Die Autorin gibt praxisnahe Ratschläge zu Auswahl und Kauf, Eingewöhnung und Alltag, gesunder Ernährung, Gesundheitsvorsorge und Krankheiten sowie der Zucht von Retrievern. Ein spezielles Kapitel ist den Verhaltensweisen und der sinnvollen Beschäftigung dieser arbeitsfreudigen Hunde gewidmet.
Auf PRAXIS-Seiten: Welpenerziehung, Pflegemaßnahmen, Trainingsprogramm und Erste Hilfe für den Krankheitsfall.
Informative Zeichnungen von György Jankovics veranschaulichen den Text.
Die brillianten Farbfotos, aufgenommen von Monika Wegler, vermitteln ein lebendiges Bild dieser außergewöhnlichen Hunde. Viel Spaß mit Ihrem Retriever wünschen Ihnen die Autorin und die GU Naturbuch-Redaktion.

Bitte beachten Sie die »Wichtigen Hinweise« auf Seite 63.

Retriever kennenlernen

Erst sechs Wochen alt ist dieser Labrador-Welpe mit cremefarbenem Fell.

Retriever sind Jagdhunde

Wissen Sie eigentlich, woher der Name Retriever kommt, und was er bedeutet? Retriever ist von dem englischen Wort »to retrieve« abgeleitet und heißt soviel wie zurückbringen beziehungsweise apportieren. Es gibt 6 verschiedene Retrieverrassen:

Golden Retriever, Labrador, Flat coated, Curly coated, Nova Scotia Duck Tolling und den Chesapeake Bay Retriever.

So unterschiedlich sie auch aussehen, haben sie allesamt eines gemeinsam: Es sind hervorragende Jagdhunde.

In ihren Ursprungsländern Großbritannien, USA und Kanada züchtete man sie für den Einsatz zur »Jagd nach dem Schuß« auf Niederwild, Flugwild und zur Wasserjagd. Sie hatten die Aufgabe, erlegtes Wild zu finden und zum Jäger zu bringen. Die herausragendsten Eigenschaften der Retriever sind: Angeborener Bringtrieb (Apportiertrieb), außergewöhnliche Wasserfreude, Weichmäuligkeit (→ ABC für Retriever-Freunde, Seite 22), Leichtführigkeit, gute Nase und Ausdauer, ausgeprägter Arbeitswille und die Bereitschaft, mit ihrem Herrn zusammenzuarbeiten (»will to please« → Seite 22). Ihr freundliches und sanftes Wesen, ihre Intelligenz, Geduld und Anhänglichkeit prädestinieren sie auch zu idealen Familienhunden.

Durch all diese Qualitäten eignen sich Retriever außerdem dazu, für Spezialeinsätze ausgebildet zu werden. Es sind ausgezeichnete Rettungs-, Lawinensuch-, Drogenspür- und Blindenführhunde.

Zum Ursprung der Retriever

Bevor es die Retriever in England als eigenständige Rassen gab, wurden dort alle Hunde mit ausgeprägtem Apportiertrieb Retriever genannt.

Die Ahnen der einzelnen Retrieverrassen sind deshalb ganz unterschiedlich. Aber einen gemeinsamen Urahnen haben sie alle: Den »Smaller Newfoundland« oder »St. John's Dog«. Diese Hunde, die es heute nicht mehr gibt, sind auf Neufundland, einer Insel vor der Ostküste Kanadas entstanden. Sie waren groß und kräftig und besaßen ein Fell mit dichter wasserabstoßender Unterwolle – bestens dazu geeignet in diesem nördlichen Gebiet mit seinen extremen Klimaverhältnissen und dem eisigen Wasser ihre Aufgaben als Helfer des Menschen bei der Jagd zu erfüllen. Zwischen der englischen Hafenstadt Poole und St. Johns auf Neufundland herrschte Anfang des 19. Jahrhunderts reger Handelsverkehr. So kamen ab und zu einige Exemplare des St. John's Dog durch Seeleute nach England. Diese Hunde wurden die Urahnen aller englischen Retrieverrassen.

Hinweis: Im Porträtteil auf den Seiten 8 bis 19 finden Sie die genaue Beschreibung der einzelnen Retrieverrassen.

Flat coated Retriever

Entstanden ist diese Rasse aus großen, starkknochigen Hunden mit breitem Schädel und ausgeprägtem »Stop« (→ Seite 22) und sehr welligem, dichten Fell, den Wavy coated Retrievern. Um eine seidigere, glatte Fellstruktur und den eleganten, schmalen Schädel zu

Der schwarze Labrador trägt sein Dummy, ein Trainingsgegenstand, im Maul.

Retriever sind vielseitig. Sie eignen sich hervorragend zum Einsatz bei der Jagd, können für Spezialeinsätze wie etwa zum Aufspüren von Lawinenopfern ausgebildet werden und passen sich als problemlose liebenswerte Familienhunde an.

erhalten, wurden auch Schottische Schäferhunde eingekreuzt.
Mr. Shirley, der erste Sekretär des 1873 gegründeten Englischen Kennel Clubs, begann 1876 die verschiedenen Retrieverrassen zu registrieren. Seine besondere Liebe galt den Flat coated Retrievern.
Ende des späten 19. und Anfang des 20. Jahrhunderts wurden die Flatcoats immer mehr vom Labrador (→ Seite 11) verdrängt. Nach dem 2. Weltkrieg waren die Flatcoats beinahe ausgestorben. Nur den Bemühungen einiger weniger Züchter in Großbritannien ist es zu verdanken, daß sich die Rasse wieder erholte. Ab etwa 1960 ist die Zahl der Flatcoats in Großbritannien und auf dem Kontinent stark angestiegen. Weltweit gewinnen diese eleganten Apportierhunde immer mehr Freunde.

Labrador Retriever
Vergleicht man alte Fotos der ersten Labradors mit den heutigen, stellt man fest, daß sich das Erscheinungsbild der Rasse nur unwesentlich verändert hat. Die ersten Hunde hatten fast alle eine schwarze Fellfarbe. Heute sind auch die Farben gelb und chocolate (braun) anerkannt (→ Rassestandard, Seite 11). Im Jahre 1916 gründete in England A. Holland-Hibbert, der spätere Viscount Knutsford, zusammen mit Lady Howe den Labrador Retriever Club. Dort wurde der Rassestandard bereits festgeschrieben und ist bis heute nahezu unverändert gültig. Mit dem Rassestandard war die Möglichkeit geschaffen, den Labrador reinrassig zu züchten, während früher auch andere Retrieverrassen eingekreuzt werden durften. Heute gehören die Labradors zu den bekanntesten Retrieverrassen und sind inzwischen auf der ganzen Welt verbreitet.

Golden Retriever
Er wurde erst 1913 vom Englischen Kennel Club unter der Bezeichnung »Retriever gelb oder golden« anerkannt. Im selben Jahr gründete Mrs. H.M. Charlesworth den Golden Retriever Club in England. Im Jahre 1920 erhielt die Rasse dann den Namen »Golden Retriever«.
Die Reinzucht begann schon Mitte des 19. Jahrhunderts in Schottland. Auf seinem Gut »Guisachan« verpaarte Lord Tweedmouth einen gelben Wavy coated Retriever namens »Nous« mit der Tweed-Water-Spaniel-Hündin »Belle«. Er führte detaillierte Zwingeraufzeichnungen, aus denen hervorgeht, daß er deren Nachkommen mit schwarzen Retrievern, Irish-Settern und einem sandfarbenen Bluthund kreuzte.
Während des 1. Weltkrieges ging die Zahl der Goldens sehr zurück. Ab den 20er Jahren stieg ihr Bekanntheitsgrad weltweit. Nach dem 2. Weltkrieg nahm ihre Beliebtheit auch in ganz Westeuropa immer mehr zu. Der »Deutsche Retriever Club« (→ DRC, Adressen, die weiterhelfen, Seite 62) wurde 1963 gegründet.

Curly coated Retriever
Der Curly coated ist die älteste Retrieverrasse. Seine Ahnen lassen sich bis heute nicht sicher zuordnen. Sein charakteristisches Merkmal, das lockige Fell, soll ein Erbteil des kraushaarigen englischen Wasserhundes sein. Eingekreuzt sind vermutlich auch setterartige Hunde und später der St. John's Dog, ganz sicher aber Pudel und Irische Water Spaniels.
Erstmals zu sehen waren die Curlies auf einer Hundeausstellung im Jahre 1860 in Birmingham. Damals wurden sie in der gemischten Retrieverklasse vorgestellt. 1890 wird in der Literatur die Gründung eines Clubs erwähnt, der das

Ziel hatte, den schwarzen Curly coated Retriever zu fördern.
1946, nach dem 2. Weltkrieg, waren nur noch 90 Curlies beim Club eingetragen. Glücklicherweise gewinnt der Curly coated heute weltweit wieder etwas mehr an Bedeutung. Auch hier in Deutschland wird er als echter »Dual purpose« Hund (→ ABC für Retriever-Freunde, Seite 22) zur Jagd eingesetzt und bei Ausstellungen gezeigt.

Chesapeake Bay Retriever
Er stammt vom Nordamerikanischen Kontinent und hat seinen Namen von der gleichnamigen Bucht, etwa in der Mitte der nordamerikanischen Ostküste gelegen. Auch für die Chesapeake Bay Retriever gelten die St. John's Dogs als Stammväter. Sie vererbten ihre guten Eigenschaften an nachfolgende Hundegenerationen, aus denen später Tiere einheitlichen Typs miteinander verpaart wurden. Ende des letzten Jahrhunderts gab es einen Hundeschlag, der Chesapeake Bay Ducking Dog genannt wurde. Aus ihnen entstanden die heutigen Chesapeake Bay Retriever. Sie sind in den USA und Kanada weit verbreitet und finden auch in Europa immer mehr Anhänger.

Retriever als Jagdhunde haben die Aufgabe, erlegtes Wild zu finden und zum Jäger zu bringen.

Nova Scotia Duck Tolling Retriever
Der Duck Toller stammt von der Halbinsel Nova Scotia (Neuschottland) an der kanadischen Ostküste, womit der erste Teil seines Namens schon erklärt ist. Er gilt als einzige original kanadische Retrieverrasse. Wer seine Vorfahren waren, ist bis heute umstritten. Es wird von einer leberfarbenen Wavy coated Hündin berichtet, die aus England mitgebracht, mit einem Rüden des Labrador-Typs verpaart wurde. Deren Nachkommen kreuzte man mit braunen Cocker-Spaniels, irischen Settern und in den folgenden Generationen mit Shetland-Sheepdogs. Eine andere Theorie ist, daß kleine einheimische Hunde mit europäischen Lockhunderassen, wie zum Beispiel dem niederländischen Kooikerhond verpaart wurden. Der Nova Scotia Duck Toller ist wie die anderen Retriever ein Apportierhund. Der letzte Teil seines Namens beschreibt jedoch eine Eigenschaft, die keiner der anderen hat, das »Tolling«. Der Hund hat die Aufgabe, entfernt schwimmende Wasservögel in Schußweite des Jägers zu locken. Dies erreicht der Toller, indem er unermüdlich und schnell mit erhobener Rute auf einem flachen Uferstreifen hin und her flitzt. Neugierig geworden, schwimmen die Enten oder Wildgänse näher und der Jäger kommt zum Schuß.
Das »Tolling« provoziert der versteckt sitzende Jäger, indem er immer wieder einen kurzen Apportierstock wirft, den der Hund unermüdlich zurückbringt. 1945 wurde die Rasse als Nova Scotia Duck Tolling Retriever beim Kanadischen Kennel Club registriert und gewinnt weltweit immer mehr Freunde.

So sieht der Idealtyp eines Golden Retrievers aus. Hier mit goldfarbenem Fell.

Golden Retriever

Zu einer der attraktivsten Retrieverrassen gehört der Golden Retriever. Es zeichnet sich besonders durch sein ruhiges und angenehmes Wesen aus.

Ausgelassen spielt der Welpe mit seinem Dummy.

Schon der Gesichtsausdruck dieser cremefarbenen Retriever-Hündin zeigt das freundliche Wesen.

Der kraftvolle Körperbau ist bei diesem braunen Labrador sehr gut zu erkennen.

Neugierig erkundet der gelbe Labrador-Welpe seine Umgebung.

Labrador Retriever

Wie alle Retrieverrassen ist der Labrador ein passionierter Jagdhund. Aber er liebt auch Schmusestunden mit »seinen Menschen« über alles.

Ein typischer schwarzer Labrador in Ausstellungspose.

Der Golden Retriever im Porträt

Der Golden Retriever wurde in Großbritannien gezüchtet. Dieser attraktive, freundliche Hund gilt als ruhigster Vertreter von allen Retrieverrassen und wird am häufigsten gehalten.
Aussehen: Symmetrischer, harmonischer Körperbau. Kurz in der Lendenpartie mit mächtigem Brustkorb und tiefen, gut gewölbten Rippen sowie gerader Oberlinie. Kopf und Schädel ausgeglichen mit ausgeprägtem »Stop« (→ Seite 22). Oberkopf breit.
Fang kräftig, breit und tief, etwa gleich lang wie der Schädel. Nase schwarz. Augen dunkelbraun, weit auseinanderstehend mit dunklen Lidrändern. Ohren mittelgroß, ungefähr in Augenhöhe angesetzt. Kiefer kräftig mit vollständigem Scherenbiß. Vorderläufe gerade, Hinterläufe kräftig und muskulös bei guter Unterschenkellänge und guter Kniewinkelung. Die Sprunggelenke sollen tief und von hinten gesehen gerade sein, ohne ein- oder auszudrehen. »Kuhhessigkeit« (→ Seite 22) ist unerwünscht.

Der Golden hat runde Katzenpfoten. Die Rute ist in Höhe der Rückenlinie angesetzt und wird so auch getragen. Sie reicht bis zu den Sprunggelenken und ist ohne Biegung am Rutenende. Er bewegt sich kraftvoll mit gutem Schub.
Größe und Gewicht: Rüden 56 bis 61 cm Schulterhöhe, Hündinnen 51 bis 56 cm.
Rüden 35 bis 38 kg schwer, Hündinnen 27 bis 30 kg.
Fell und Farbe: Haarkleid glatt oder wellig mit dichter, wasserabstoßender Unterwolle und guter Befederung (→ Seite 22).
Jede Farbschattierung von gold bis cremefarben. Weder mahagoni noch rot erlaubt. Einige weiße Haare an der Brust sind gestattet.
Wesen: Freundlich, friedlich, liebenswürdig und zutraulich mit ausgeprägtem Willen zum Gehorsam. Der Golden ist intelligent und hat die natürliche Anlage zu arbeiten.
Er ist für seinen Charme bekannt und besonders Golden-Hündinnen haben oft einen geradezu schmelzenden Augenausdruck, der sie fast unwiderstehlich macht.
Haltung: Golden Retriever sind wasserbegeisterte, passionierte Jagdhunde, die gerne arbeiten und viel Auslauf und Beschäftigung brauchen. Sie gelten wie die Labradors als ideale Blindenführhunde, sind leichtführig und haben einen ausgeprägten »will to please« (→ Seite 22). Ein gut ausgebildeter Golden erfüllt seine Pflichten souverän. Kinder und vierbeinige Freunde haben in ihm einen geduldigen Spielkameraden.
Pflege: Einmal in der Woche Bürsten und Kämmen. Nachschneiden des Fells etwa alle 3 Wochen (→ Seite 59).

Der Golden Retriever in der für ihn typischen Pose. Er erfreut sich unter Retrieverfreunden großer Beliebtheit.

Der Labrador Retriever im Porträt

Der Labrador kommt aus Großbritannien. Dieser begeistungsfähige, stürmische Hund geht bei Spiel und Arbeit für seinen Herrn durch dick und dünn.
Aussehen: Kräftiger Körperbau mit breiter, tiefer Brust und stark gewölbtem, faßförmigem Rippenkorb, gerader Oberlinie und breiter, kurzer und kräftiger Lendenpartie. Kopf und Schädel breit mit deutlichem »Stop«, gut modelliert ohne fleischige Backen. Kiefer kraftvoll aber nicht spitz. Nasenschwamm breit mit großen Nasenlöchern. Augen mittelgroß, braun oder haselnußfarben. Ohren relativ klein, hoch und ziemlich weit hinten angesetzt, dabei dicht am Kopf anliegend. Kiefer und Zähne kräftig mit einem vollständigen Scherengebiß.
Vorderläufe vom Ellbogen bis zum Boden gerade, von vorne und auch seitlich gesehen. Allgemein kräftige Knochen.
Die gut ausgebildete, stark bemuskelte Hinterhand sollte zur Rute hin nicht abfallen, die Kniegelenke sind gut gewinkelt, die Sprunggelenke tiefstehend.
»Kuhhessigkeit« ist unerwünscht. Die Rute ist ein charakteristisches Merkmal (Otterrute), sehr dick am Ansatz, verjüngt sie sich allmählich zur Rutenspitze.
Pfoten kompakt mit dicken Ballen.
Die Gangart ist frei und raumgreifend.
Größe und Gewicht: Die ideale Schulterhöhe ist bei Rüden 56 bis 57 cm, bei Hündinnen 54 bis 56 cm.
Rüden 34 bis 37 kg schwer, Hündinnen 26 bis 30 kg.
Fell und Farbe: Kurzes, dichtes, nicht welliges Haarkleid ohne Befederung. Es hat eine wetterbeständige Unterwolle und fühlt sich hart an. Die Farbe ist einfarbig schwarz, gelb oder schokoladenbraun. Gelb reicht von creme bis beinahe fuchsrot. Ein kleiner, weißer Brustfleck ist bei gelbem Fell erlaubt.
Wesen: Ausgeglichen, freundlich, aufgeweckt. Der Labrador ist intelligent, hat eine vorzügliche Nase, ist weichmäulig (→ Seite 22) und zeigt begeisterte Wasserfreudigkeit. Er ist als Begleiter aufmerksam, willig und sehr anpassungsfähig. Man kann ihn als robusten Kumpel bezeichnen, der nicht so leicht etwas übel nimmt. Aber wie alle Retriever ist er doch sensibel.
Haltung: Damit sich der Labrador wohl fühlt, braucht er eine harmonische Umgebung, viel Zuwendung, Auslauf und Schwimmöglichkeiten. Mit Kindern und anderen Haustieren gibt es keine Probleme. Arbeiten Sie unbedingt mit ihm, sonst ist er unausgelastet. Sein eigentliches Metier ist, wie bei all den anderen Retrieverrassen, die Jagd. Er apportiert unermüdlich und verhält sich bei der Arbeit sehr zuverlässig.
Pflege: Ab und zu bürsten und kämmen. Danach Fell mit einem feuchten Fensterleder abreiben.

Charakteristisches Merkmal des Labrador Retrievers ist die mit kurzem, dickem Fell besetzte Otter-Rute.

Ein schwarzer Curly coated. Diese temperamentvollen Hunde brauchen eine konsequente Erziehung.

Bei diesem leberfarbenen Curly coated kommt der elegante Körperbau voll zur Geltung.

Curly coated Retriever

Seine Locken unterscheiden den Curly coated von den anderen Retrievern. Diese Hunde sind die ältesten englischen Retrieverrassen.

Der Curly coated im Porträt.

Flat coated Retriever

Edel wirkt der Flat coated Retriever. Er ist der lebhafteste unter den Retrieverrassen, aber auch einer der sensibelsten. Flat coats bleiben lange verspielt. Erst im Alter legt sich ihr Temperament und sie werden ruhiger.

Bei diesem Flat coated ist die elegante Kopfform sehr gut zu erkennen. Der wache, aufmerksame Blick verrät schon etwas von dem Temperament, das in diesem Hund steckt.

Ein wenig schuldbewußt wirkt dieser Welpe. Doch die Reue hält nicht lange an.

Schwarzer Flat coated. Ein typisches Merkmal dieser Rasse ist das ständige Wedeln mit der Rute – ein Ausdruck ihres optimistischen Wesens.

Der Curly coated Retriever im Porträt

Der Curly coated ist die älteste englische Retrieverrasse. Man kann diesen stolzen Hund als den Aristokraten unter den Retrievern bezeichnen. Sein kurzes gelocktes Fell unterscheidet ihn optisch deutlich von den anderen Rassen.
Aussehen: Kräftiger, eleganter Körperbau. Rippenkorb gut gewölbt, tiefes Brustbein, die Lende soll nicht lang oder aufgezogen sein. Langer Kopf, gut proportionierter flacher Schädel. Kräftige lange Kiefer, mit komplettem Scherenbiß. Große Nasenlöcher, Pigmentierung schwarz oder leberfarben. Augen groß, schwarz oder dunkelbraun und nicht hervortretend.
Ohren mit kurzen Locken bedeckt, relativ klein, tief angesetzt und gut am Kopf anliegend.
Vorderläufe und Hinterhand kräftig, muskulös mit tiefstehenden Sprunggelenken und tiefem, gut gewinkeltem Knie. Pfoten rund und kompakt. Die Rute verjüngt sich zur Spitze, ist eher kurz und gerade und dicht mit Locken bedeckt. Sie wird niemals hoch oder eingerollt getragen.
Der Curly bewegt sich raumgreifend mit gutem Schub.
Größe und Gewicht: Schulterhöhe beim Rüden 68,5 cm, Hündinnen 63,5 cm. Rüden 36 bis 40 kg schwer, Hündinnen 30 bis 36 kg.
Fell und Farbe: Der ganze Körper ist dicht mit harten, krausen, kleinen Locken bedeckt. Die »Curls« sind das wichtigste Rassemerkmal. Ab Schädelmitte in Höhe der Ohren bis zum Nasenschwamm kurzes, glattes Haar wie der Flat coated.
Fellfarbe schwarz oder leberfarben.
Wesen: Sanft und freundlich. Fremden gegenüber eher zurückhaltend. Sein Territorium verteidigt er gegen Eindringlinge, ohne bissig zu sein. Er stellt jedoch fremde Personen, denn er hat einen ausgeprägten Wach- und Schutztrieb. Der Curley coated Retriever ist ein passionierter, unermüdlicher Jagdhund mit hoher Intelligenz. Vom Temperament her ist er nur wenig ruhiger als der Flat coated
Haltung: Dieser Hund braucht viel Platz und Bewegung. Er liebt, wie alle Retriever, das Wasser über alles. Eine konsequente Ausbildung ist für ihn ein unbedingtes Muß (→ PRAXIS-Seite 42/43).
Pflege: Die drahtigen, kurzen Locken des Curly brauchen wenig Pflege.
Es genügt, wenn Sie das Fell ab und zu mit den Fingern durchkneten (→ Seite 34). Selbst nach einem Bad im Fluß oder Weiher müssen Sie keine Fellpflegeaktion starten, denn das Wasser perlt von seinen dichten Curls ab.
Besonderes: Häufig werden Curlies mit Wolfskrallen an den Hinterläufen geboren (→ Seite 57).

Der Curly coated wie er dem Rassestandard entspricht.

Der Flat coated Retriever im Porträt

Der Flat coated Retriever stammt aus britischer Zucht. Er ist der eleganteste unter den Retrieverrassen.
Aussehen: Kraftvoller, eleganter Körperbau. Brust tiefliegend mit deutlich ausgeprägtem Brustbein, aber eher flacher vorderer Rippenpartie. Die Lende ist kurz und breit.
Kopf und Schädel lang und elegant geformt, mit flachem Schädel mittlerer Breite und leichtem »Stop« in Augenhöhe. Kiefer lang und kräftig mit perfektem Scherengebiß.
Nase mit gut geöffneten Nasenlöchern. Augen mittelgroß, dunkelbraun oder haselnußbraun.
Ohren klein und relativ hoch angesetzt, dicht seitlich am Kopf getragen.
Vorderläufe gerade. Hinterhand muskulös, gerade und parallel im Stand. Die Winkelung des Kniegelenks ist nicht übertrieben stark. Das Sprunggelenk, steht tief. »Kuhhessigkeit« (→ Seite 22) ist unerwünscht.
Pfoten rund und kräftig mit geschlossenen Zehen, die Ballen sind dick und kräftig.
Die Rute wird fröhlich, jedoch niemals weit über der Rückenlinie getragen. Sie ist gut angesetzt, kurz und gerade.
Die Gangart soll frei und fließend sein.
Größe und Gewicht: Rüden 58 bis 61 cm, Hündinnen 56 bis 59 cm Schulterhöhe; Rüden 33 bis 37 kg, Hündinnen 28 bis 33 kg schwer.

Fell und Farbe: Haarkleid dicht, fein bis mittelstark in der Beschaffenheit und so glatt wie möglich. Läufe und Rute gut befedert. Farbe: schwarz oder leberfarben.
Wesen: Der Flat coated ist aufgeweckt, selbstsicher und freundlich. Er verhält sich etwas lebhafter als die anderen Vertreter der Retrieverrassen. Vom Wesen her mit Mensch und Tier außerordentlich freundlich, kann er unermüdlich arbeiten und hat in hohem Maß den Willen zur Zusammenarbeit mit seinem Herrn. Seine Besitzer sollten tolerant sein, denn er ist intelligent, hat viel Phantasie und heckt gerne Streiche aus. Er wird erst im hohen Alter ruhiger und ist lange verspielt. Der Flat coated hat eine hohe Jagdpassion und kann unausgelastet mit seinem Temperament zur Plage werden.
Haltung: Viel Bewegung und Beschäftigung wird großgeschrieben. Seine Ausbildung erfordert geduldige Konsequenz. Härte und Mangel an Zuwendung belasten ihn psychisch stark. Ausgebildet ist er ein zuverlässiger Jagdbegleiter und Familienhund.
Pflege: Das Fell kann einmal wöchentlich gebürstet und gekämmt werden. Nachschneiden des Fells im Abstand von 3 Wochen (→ Seite 59).

Der elegante Flat coated braucht tolerante Besitzer, denn er heckt gerne Streiche aus.

Die Fellfarbe der Chesapeake Bay Retriever darf alle Farbtöne von braun bis strohfarben umfassen.

Chesapeake Bay Retriever

Als relativ ruhige Hunde mit ausgeglichenem Wesen sind die Chesapeake Bay Retriever bekannt. Sie wurden zuerst in Amerika gezüchtet.

Der Chesapeake Bay Retriever hat einen kräftigen Körperbau und einen breiten Schädel.

Nach dem Rassestandard darf die Fellfarbe des Nova Scotia Duck Tolling Retrievers verschiedene Rot- und Orangeschattierungen aufweisen.

Ein vorbildlicher Vertreter seiner Rasse ist dieser Duck Toller.

Nova Scotia Duck Tolling Retriever

Der kleinste und wendigste Retriever ist der Nova Scotia Duck Tolling. Dieser intelligente Hund hat einen ausgeprägten Spieltrieb und zeigt bei der Arbeit große Ausdauer.

Der Duck Tolling Retriever braucht viel Auslauf und Beschäftigung.

Der Chesapeake Bay Retriever im Porträt

Amerika ist die Heimat des Chesapeake Bay Retrievers, kurz Chessie genannt. Ursprünglich setzte man ihn vor allem bei der Jagd auf Wasservögel ein.
Aussehen: Kräftiger, beeindruckender Körperbau mit breiter, tiefer Brust, mittellangem Rumpf und kräftigen Flanken. Kopf und Schädel breit und rund mit mittlerem Stop. Fang mittellang, keilförmig, aber nicht spitz, mit korrektem Scherengebiß. Lippen schmal, guter Lefzenschluß.
Augen mittelgroß, klar, gelb bis bernstein- oder honigfarben, weit auseinanderstehend. Ohren hoch angesetzt, klein und lose hängend.
Die Läufe haben kräftige Knochen, sind gut bemuskelt und gerade mit festen Hasenpfoten und runden, gut geschlossenen Zehen.
Rute mittellang, am Ansatz mittelkräftig, mäßige Befederung erlaubt.
Fließende Gangart.
Größe und Gewicht: Rüden ca. 65 cm, Hündinnen ca. 60 cm Schulterhöhe. Rüden ca. 34 kg, Hündinnen ca. 29 kg schwer.

Fell und Farbe: Das Fell ist kurz und dicht, nirgends länger als 1 1/2 inches (3,81 cm), an Hals, Schulter und Rücken gewellt, am Kopf und an den Läufen kurz und glatt. Krauses oder lockiges Fell ist nicht erlaubt. Sein Deckhaar und die dichte Unterwolle sind fettig und dadurch wasserabweisend. Das Fell wirkt isolierend gegen Kälte und Hitze und erlaubt dem Hund im Schnee und in eisigem Wasser zu arbeiten.
Die Fellfarbe kann alle Farbtöne von braun bis strohfarben, dies sind Blond-, Beige-, Braun- und Rottöne des Herbstlaubs, gras- oder schilffarben umfassen. Kleine weiße Brustflecke oder weiße Flecken an den Zehen sind gestattet.
Wesen: Chessies sind souveräne, relativ ruhige Hunde mit Persönlichkeit und ausgeglichenem Wesen, dabei mutig und intelligent. Sie haben den stärksten Schutztrieb von allen Retrieverrassen. Kindern und anderen Haustieren gegenüber sind sie gutmütig und tolerant. Sie schließen sich eng an ihre Menschenfamilie an. Wenn ihr Wesen korrekt ist, sind sie keine Beißer und vertragen sich gut mit anderen Hunden.
Auch der Chessie ist äußerst feinfühlig und lernt und spielt gerne bis ins hohe Alter. In der Jagdpraxis zeichnet er sich durch sehr selbständiges Arbeiten aus.
Haltung: Chessies brauchen viel Auslauf und Beschäftigung. Die Möglichkeit, ein Bad im nahen Gewässer zu nehmen, ist ein unbedingtes Muß für diese Hunde. Ebenso wichtig ist eine gute Ausbildung (→ PRAXIS-Seite 42/43).
Pflege: Sein kurzes Fell braucht nur einmal in der Woche gebürstet, und mit einem feuchten Fensterleder abgerieben zu werden.

Durch sein wasserabstoßendes dichtes Fell kann der Chesapeake Bay Retriever sogar im Schnee und in eisigem Wasser arbeiten.

Der Nova Scotia Duck Tolling Retriever im Porträt

Dieser kleinste unter den Retrieverrassen stammt aus Kanada. Obwohl sehr verspielt, steht der Duck Tolling Retriever als tüchtiger, apportierfreudiger Jagdhund den anderen in Bezug auf Arbeitseifer nicht nach.

Aussehen: Der Toller ist ein mittelgroßer, kraftvoller, kompakter, harmonisch gebauter und gut bemuskelter Hund. Kopf etwas keilförmig, Schädel breit, leicht gerundet. Mäßiger »Stop«. Der Nasenschwamm mit gut geöffneten Nasenlöchern ist fleischfarben oder schwarz pigmentiert. Maul mit gut anliegenden Lefzen und komplettem Scherengebiß. Augen mittelgroß, mandelförmig und weit auseinanderstehend, bernsteinfarben oder braun. Ohren dreieckig, mittelgroß, hoch, weit hinten am Schädel angesetzt. Vorderläufe parallel, gerade und starkknochig. Hinterläufe gerade, breit, parallel und muskulös. Pfoten geschlossen und rund mit dicken Ballen. Die Rute ist am Ansatz breit, üppig befedert und wird unterhalb der Rückenlinie getragen.

Seine Gangart ist kraftvoll, schwungvoll, unbeschwert.

Größe und Gewicht: Rüden 48 bis 51 cm, Hündinnen 45 bis 48 cm Schulterhöhe. Rüden 20 bis 23 kg, Hündinnen 17 bis 20 kg schwer.

Fell und Farbe: Der Toller hat ein wasserabweisendes, doppeltes Haarkleid. Es ist mittellang und weich mit noch weicherer, dichterer Unterwolle. Es darf auf dem Rücken leicht gewellt, muß sonst jedoch glatt sein. Die Befederung an der Kehle, den Ohren und an den Hinterläufen ist weich, die Vorderläufe sind nur mäßig befedert.

Die Fellfarbe darf verschiedene Rot- oder Orange-Schattierungen aufweisen, Befederung und Rutenunterseite sind heller. Weiße Farbmarkierungen an Rutenspitze, Pfoten (nicht höher als der Vordermittelfuß), Brust oder eine Blesse sind erlaubt. Das Pigment der Nase, Lefzen und Augenränder ist fleischfarben oder schwarz.

Wesen: Der Toller ist sehr intelligent, gelehrig, hat große Ausdauer und einen ausgeprägten Spieltrieb.

Fremden gegenüber verhält er sich wachsam, aber zurückhaltend. Mit anderen Hunden verträgt er sich gut. Seine Familie liebt er sehr, und Kindern ist er ein unermüdlicher Spielgefährte.

Haltung: Dieser Hund braucht viel Auslauf, Spielmöglichkeiten und auch die Möglichkeit zum Schwimmen. Er hat von allen Retrieverrassen am meisten Spaß an Agility (→ Seite 43).

Pflege: Einmal in der Woche Bürsten und Kämmen reicht für die Fellpflege aus.

Der Duck Tolling Retriever hat Spaß an der Bewegung. Von allen Retrievern macht ihm Agility (→ Seite 43) am meisten Spaß.

Tips zu Auswahl und Kauf

Dieser Labrador-Welpe ist müde vom Herumtollen.

Häufig ist es so, daß man seinen »Traumhund« bei Freunden oder während eines Spaziergangs sieht und dann für sich beschließt: Ein Retriever ist auch der ideale Hund für mich. Überdenken Sie aber bitte Ihre häusliche Situation ganz objektiv, bevor Sie sich einen Retriever kaufen, denn diese Hunderasse stellt hohe Anforderungen an ihre Besitzer und an die Haltungsbedingungen. Folgende Fragen sollen Ihnen helfen, die richtige Entscheidung zu treffen.

Zehn Gewissensfragen

1. Ein Retriever kann bei guter Pflege bis zu 15 Jahre alt werden. Sind Sie bereit, solange für ihn zu sorgen?
2. Ein Hund ist ein soziales Lebewesen und muß sein Rudel, sprich seine Menschen, um sich haben. Länger als 4 Stunden pro Tag sollte kein Hund allein sein. Können Sie das garantieren?
3. Sind Sie bereit, den Retriever im Haus zu halten? Für die Zwingerhaltung ist ein Retriever nicht geeignet. Er würde psychisch zugrunde gehen.
4. Ein Retriever beansprucht viel Platz. Haus mit Garten ist ideal. Können Sie ihm das bieten?
5. Gibt es in Ihrer Nähe Schwimmmöglichkeiten für den Hund? Alle Retriever sind Wassernarren.
6. Sind Sie bereit, auch bei Wind und Wetter ausgedehnte Spaziergänge von mindestens 2 Stunden täglich mit Ihrem Retriever zu unternehmen?
7. Hundehaltung kostet Geld (Futter, Tierarztbesuche, Hundesteuer, Haftpflichtversicherung → Adressen, Seite 62). Können Sie etwa 3000 DM jährlich für seinen Unterhalt aufbringen?
8. Ist Ihr Vermieter mit der Hundehaltung einverstanden? Lassen Sie sich eine schriftliche Zusicherung geben!
9. Ist niemand in der Familie allergisch gegen Hundehaare (→ Wichtige Hinweise, Seite 63)?

10 Wer sorgt für Ihren Hund, wenn Sie im Urlaub sind oder krank werden?

Wenn Sie die angesprochenen Punkte ein paar Nächte überschlafen haben und dann immer noch sagen können: Ja, all dies können wir gut regeln, dann machen Sie sich daran, einen guten Züchter zu suchen, um dort »Ihren« Retriever zu finden.

Wie Sie einen seriösen Züchter finden

Wenden Sie sich an den Verband für das Deutsche Hundewesen, den Dachverband für alle Rassehunde-Zuchtvereine (→ VDH, Seite 62). Dort bekommen Sie die aktuellen Adressen der Retrieververeine.

Die Vereine wiederum geben Ihnen die Anschrift von Züchtern, die dem Verein angeschlossen sind und sich dessen strengen Zuchtbestimmungen unterwerfen. Der Verein bestimmt z. B. eine Person, die berechtigt ist, die Würfe direkt beim Züchter zu kontrollieren. Dabei wird genau überprüft, wie die Aufzuchtbedingungen sind und ob die Welpen gut genährt, gesund und gepflegt wirken. Nach der Untersuchung jedes einzelnen Welpen werden z. B. Fehlfarben oder Krankheitsanzeichen protokolliert.und dem Zuchtwart des Vereins zugesandt.

Die Trennung von der Mutter naht. Doch der kleine Golden Retriever kommt in gute Hände.

Erst, wenn alles in Ordnung ist, erhält der Züchter die Ahnentafeln für seine Welpen (→ Seite 22).

Die Entscheidung für einen Züchter sollten Sie aber erst dann treffen, wenn Sie mehrere besucht und sich ein eigenes Bild von den Haltungsbedingungen der Hunde gemacht haben. Wichtig ist vor allem, daß die Welpen im Wohnbereich des Züchters aufwachsen und nicht abseits in einem Zwinger. Sie sind dann mit Menschen vertraut und bis zur Abgabe bereits an Haushaltsgeräusche, Besucher oder an das Radio gewöhnt. Auch beim Besuch einer Hundeausstellung (→ Seite 58) besteht die Möglichkeit, sich zu informieren und Kontakte zu einem Züchter aufzunehmen.

Hinweis: Je nach Retrieverrasse müssen Sie mit mehreren Monaten Wartezeit rechnen, bis Sie Ihren Welpen abholen können. Gerade bei den seltenen Rassen wie z. B. dem Duck Tolling Retriever (→ Seite 18) fallen meist nur wenige Würfe im Jahr.

Vorsicht: In Tageszeitungen bieten häufig »Hundeproduzenten« ihre Welpen an. Sie züchten meist mehrere Retrieverrassen gleichzeitig. Kaufen Sie dort auf keinen Fall einen Welpen, auch nicht aus Mitleid. Sie unterstützen damit lediglich Menschen, die Tiere gewissenlos ausbeuten.

Die Ahnentafel

Sie gehört zu jedem Rassehund, und wird Ihnen beim Abholen des Welpen vom Züchter ausgehändigt.
Auf dieser Urkunde sind nicht nur Name und Herkunft des Hundes eingetragen, sondern auch die seiner Eltern und Großeltern, außerdem deren eventuell errungene Ausstellungstitel, HD (→ Hüftgelenksdysplasie, Seite 52) und Augenuntersuchungsergebnisse. Die Ahnentafel ist deshalb besonders wichtig, wenn Sie vorhaben, mit Ihrem Hund zu züchten oder ihn später auf Ausstellungen zu zeigen. Aber auch wenn Sie das nicht möchten, empfehle ich Ihnen, einen genauen Blick auf diese Urkunde zu werfen. Nur einem Retrieververein angeschlossene Züchter (zum Beispiel DRC, LCD, → Adressen, die weiterhelfen, Seite 62) erhalten nach der Wurfabnahme für ihre Welpen eine offiziell anerkannte Ahnentafel, auf der auch das Zeichen des VDH (Verein für das Deutsche Hundewesen) und der FCI (Fédération Cynologique International) abgebildet sind. Rechtlich gesehen kann jeder, der einen Zuchtverein gründet, Ahnentafeln drucken. Prüfen Sie daher genau, ob die oben genannten Zeichen auf der Urkunde stehen. So können Sie sicher sein, daß Ihr Welpe aus einer kontrollierten Zucht stammt und nicht aus einer »Hundefabrik«.

Kleines ABC für Retriever-Freunde

Folgende Fachbegriffe für die Retrieverrassen sollten Sie kennen:
Befederung: Lange Fellhaare an Rute und Läufen.
Curls: Locken.
Curly coated: Lockiges Fell.
Duck Tolling: Enten anlocken (Eigenart des Duck Tolling Retrievers (→ Seite 7).
Dual Purpose Hund: Retriever, der sowohl zur Jagd als auch zum Präsentieren auf einer Ausstellung geeignet ist.
Field Trial: Jagdprüfung, bei der Wild geschossen wird, das der Retriever apportieren muß.
Flat coated: Glatthaarig.
Kuhhessigkeit: X-beinig.
Leichtführigkeit: Hunde, die leicht auszubilden sind, mit dem Willen zur Zusammenarbeit mit ihrem Herrn.
Oberlinie: Rückenlinie.
Standard: Rassebeschreibung.
Steadiness: Standruhe des Hundes, das heißt, er muß ruhig warten können, bis das Kommando zur Arbeit gegeben wird.
»Stop«: Absatz von der Stirn zum Nasenrücken, der zum Beispiel beim Labrador sehr ausgeprägt sein soll.
Wavy coated: Welliges Fell.
Weichmäuligkeit: Zum Teil angeborene Fähigkeit eines Hundes, einen Gegenstand – beim Jagdhund Wild – so sanft zu fassen, daß das Wild unbeschädigt bleibt.
Will to please: Ausgeprägter Wille zur Zusammenarbeit mit dem Hundeführer.
Wolfskralle: Überzählige Kralle an der Innenseite der Hinterläufe, die bei Hunden entfernt werden muß (Verletzungsgefahr).

Impfpaß und andere wichtige Unterlagen
Bei Abgabe des Welpen (in der Regel im Alter von 8 Wochen) hat er bereits seine erste Impfung gegen die gefährlichsten Infektionskrankheiten erhalten (→ Impfplan, Seite 53). Impfungen werden im Internationalen Impfpaß des Hundes vermerkt, den Ihnen der Züchter aushändigen muß. Erkundigen Sie sich auch, wann und mit welchen Medikamenten der Welpe entwurmt wurde (→ Seite 48). Ein verantwortungsvoller Züchter wird Ihnen einen Ernährungsplan für den Kleinen und vielleicht sogar sein gewohntes Futter für die ersten Tage mitgeben, sowie Haltungs- und Trainingstips.

Der Kaufvertrag
Er sichert sowohl Käufer als auch Züchter rechtlich ab. Im Kaufvertrag sollte folgendes enthalten sein:

- Ihre Adresse und Telefonnummer, sowie die des Züchters.
- Name und Geschlecht des Welpen, sein Geburtsdatum, die VDH-Zuchtbuch-Nummer und seine Tätowiernummer.
- Der Welpenpreis.
- Wann und durch wen die Wurfabnahme durch den Zuchtverein stattgefunden hat.
- Wann und mit welchen Medikamenten der Welpe entwurmt wurde.
- Wann der Welpe gegen welche Krankheiten mit welchem Impfstoff von welchem Tierarzt geimpft wurde (→ Impfpaß, oben).
- Das Gewicht des Welpen am Abgabetag.
- Lassen Sie sich vom Züchter schriftlich bestätigen, daß der Welpe am Tag der Abgabe keine Krankheit, erkennbare Erbschädigung oder einen zuchtausschließenden Fehler hat. Sollten Sie über diese Punkte vorsätzlich getäuscht worden sein, steht Ihnen laut Gesetz ein Rückgaberecht zu.
- In den meisten Kaufverträgen wird wiederum der Käufer verpflichtet, seinen Hund bis zum Alter von 24 Monaten HD und ED (→ Rassetypische Krankheiten, Seite 52) röntgen und eine Augenuntersuchung vornehmen zu lassen. Auch ein Wesenstest des Hundes durch den Rasseverein kann verlangt werden.

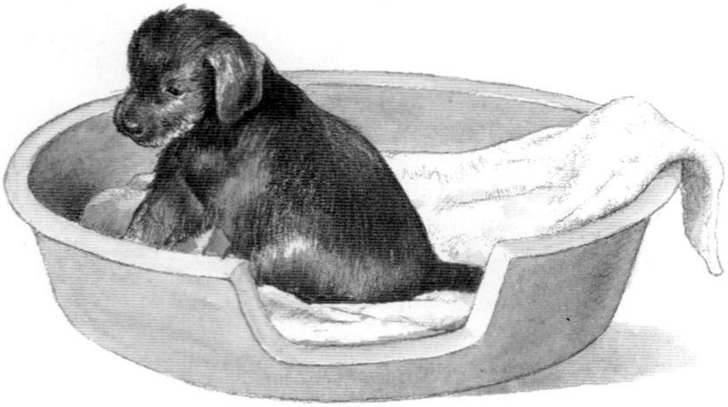

Diese Liegeschale aus Kunststoff ist praktisch. Man kann sie leicht sauberhalten und sie hält den Zähnen Ihres Retrievers stand.

- In meinen Kaufverträgen müssen sich die Käufer außerdem verpflichten, Ihren Hund nicht im Zwinger zu halten und mir mitzuteilen, wenn der Hund abgegeben werden muß. Damit ist mir dann die Möglichkeit geben, den Hund selbst zurückzunehmen oder ein neues, gutes Zuhause für ihn zu finden.

Dieser Passus ist rechtlich zwar schwer durchzusetzen, bedeutet aber doch eine moralische Verpflichtung.

Dieser braune Labrador Retriever apportiert sein Dummy über den See.

Rüde oder Hündin?

Bei der Wahl, ob Sie lieber einen Retriever-Rüden oder eine -Hündin haben möchten, sollten Sie sich von folgenden Überlegungen leiten lassen:

Umgebungsbedingungen: Welche »Hundegeschlechter« werden in Ihrer Nachbarschaft gehalten? Sind es überwiegend Hündinnen, käme Ihr Rüde aus seinem Liebeskummer nicht mehr heraus, denn er ist immer liebesbereit und hätte ständig die Duftspur seiner Angebeteten in der Nase. Dasselbe gilt umgekehrt. Haben Sie fast nur männliche Vierbeiner im Viertel, müssen Sie damit rechnen, daß Ihre Hündin zweimal im Jahr reichlich Verehrerbesuch erhält.

Wesensunterschiede: Hier lassen sich zwischen Hündin und Rüde bei Retrievern höchstens kleine Unterschiede beobachten. Ich meine, Hündinnen sind im allgemeinen etwas leichter zu führen als Rüden. Das kann besonders für »Ersthundebesitzer« eine Entscheidungshilfe pro Hündin sein. Doch da Hunde individuelle Wesen sind, kann auch hier die Ausnahme die Regel bestätigen. Unsere zweite Hündin Sally ist das eigensinnigste und selbständigste Hundemädchen, das man sich denken kann, und beide Rüden, die wir haben, waren wesentlich einfacher zu trainieren als sie.

Haltungsunterschiede: Hündinnen werden zweimal im Jahr läufig, was mit einer bis zu 15 Tage dauernden Blutung einhergeht.

Während dieser Zeit sind sie manchmal unruhiger als normal. Damit in der Wohnung nichts verschmutzt wird, können Sie der Hündin spezielle Schutzhöschen anziehen (im Zoofachhandel erhältlich).

Auswahl des Welpen

Ihren zukünfigen vierbeinigen Freund sollten Sie schon einige Wochen vor dem Abgabetermin kennenlernen und dazwischen öfters besuchen. Lassen Sie eine Decke oder einen Pullover, der nach Ihnen duftet, bei ihm, damit er sich an den Geruch gewöhnt.

Der Züchter stellt Ihnen bei Ihrem ersten Besuch mehrere Welpen vor, die alle gleichermaßen süß sind. Nun haben Sie die Qual der Wahl.

Checken Sie zunächst den Gesundheitszustand jedes einzelnen Welpen ab:

- Ein gesunder Welpe ist lebhaft, zutraulich und verspielt.
- Er hat glänzende Augen und riecht angenehm nach Welpe und keinesfalls nach Kot und Urin.
- Der Kleine hat keinen Augen- oder Nasenausfluß, seine Ohren sind sauber und sein Fell glänzt.
- Der Welpe sieht wohlgenährt, aber nicht zu dick aus, ist aber keinesfalls zu dünn.

Nach eingehender äußerlicher Prüfung bleiben wahrscheinlich immer noch mehrere Welpen für Sie zur Wahl. Lassen Sie jetzt aber nicht nur Ihr Herz sprechen.

Welcher Welpe vom Wesen und Anlagen für Sie der Richtige ist, richtet sich auch danach, was Sie mit ihm vorhaben. Besprechen Sie mit dem Züchter, ob Sie Ihren Retriever später auf Ausstellungen zeigen oder mit ihm züchten möchten, ob Sie einen Jagdgefährten suchen oder einfach einen Familienhund haben wollen.

Wenn Sie zum Beispiel schon etwas älter sind, werden Sie mit dem lebhaftesten Welpen aus dem Wurf nicht unbedingt am glücklichsten. Wer einen Familienhund sucht, sollte nicht den Welpen wählen, der am meisten Apportiertrieb und Jagdpassion zeigt, er gehört in Jägerhand.

Eine Familie mit lebhaften Kindern ist für einen sehr sensiblen Welpen weniger geeignet. Vertrauen Sie auf die Empfehlung des Züchters. Er hat sich eingehend mit seinen Welpen beschäftigt und viele Stunden an der Wurfbox und bei seinen Zöglingen zugebracht. Er kann Temperament und Anlagen des Welpen deshalb am besten beurteilen.

Hinweis: Ein Züchter, der Ihnen einen 8 oder 9 Wochen alten Welpen verkauft mit der Zusicherung, dies sei ein zukünfiger Ausstellungschampion oder Zuchthund, ist unseriös. Zu vieles kann in der Entwicklung des Welpen anders verlaufen, als man es sich erhofft.

Ein erfahrener Züchter erkennt bei einem 7 bis 8 Wochen alten Welpen höchstens, ob er kräftige Knochen, im Moment gute Winkelungen, eine beim Welpengebiß korrekte Zahnstellung, einen guten Rutenansatz hat, ob er für sein Alter einen harmonischen, typischen Kopf, gute Nackenlänge, gute Fellanlage und das für einen Retriever typische Wesen und Ausdruck hat.

Die Freude am Schwimmen liegt den Retrievern im Blut.

Die richtige Grundausstattung

Schon bevor Sie Ihren Welpen abholen, sollte seine Grundausstattung komplett vorhanden sein.
Schlafplatz: Empfehlen kann ich eine sogenannte »Plastik-Liegeschale« (→ Zeichnung, Seite 23). Sie ist leicht sauber zu halten und hält den spitzen Welpenzähnchen länger stand als ein Weidenkorb. Plazieren Sie das »Körbchen« Ihres Hundes in einer ruhigen, zugfreien Ecke, von der aus er Sie sehen kann.
Auspolstern können Sie den Schlafplatz mit einem Liegekissen, das waschbar ist (im Zoofachhandel erhältlich). Legen Sie auf das Kissen noch ein sogenanntes Vetbed oder Drybed (im Zoofachhandel oder beim Tierarzt erhältlich). Diese Matte leitet Feuchtigkeit (z. B. nachdem der Hund schwimmen war) nach unten ab, während die Flauschfasern an der Oberseite den Hund warm und trocken halten.
Leine und Halsband: Für den Welpen kommt zunächst nur ein normales, schmales Halsband mit Leine (Kunststoff oder Leder) in Frage.
Retriever-Leine: Sie besteht aus einem gedrehten Seil, meist aus Kunststoff, und hat einen Stoppring.
Da diese Leine fast nur für Retriever verwendet wird, ist sie nicht überall erhältlich. Erkundigen Sie sich beim Züchter. Die Retriever-Leine wird später im Training eingesetzt (→ PRAXIS-Seite 31).
Futternäpfe: Edelstahlnäpfe mit einer Gummileiste am Boden sind standsicher, rutschfest und leicht zu reinigen. Empfehlen kann ich auch die praktischen höhenverstellbaren Edelstahlnäpfe (→ Zeichnung unten).
Kauknochen: Kleine Büffelhautknochen sind wichtig für Erhalt und Pflege der Zähne und hilfreich während des Zahnwechsels (→ PRAXIS-Seite 47).
Spielzeug: Dazu eignen sich Hartgummispielzeug, Spieltaue, Tennisbälle und ein ausgestopfter Socken.
Ausbildungsgegenstände: Bereits im Welpenalter sollte man den Retriever an die Doppeltonpfeife und das Dummy gewöhnen. Die Doppeltonpfeife kann später Ihre Stimme ersetzen, wenn Sie mit dem Hund auf Entfernung arbeiten (→ PRAXIS-Seite 30/31).
Das Dummy ersetzt im Jagdhundetraining das Apportierholz (→ PRAXIS-Seite 43).

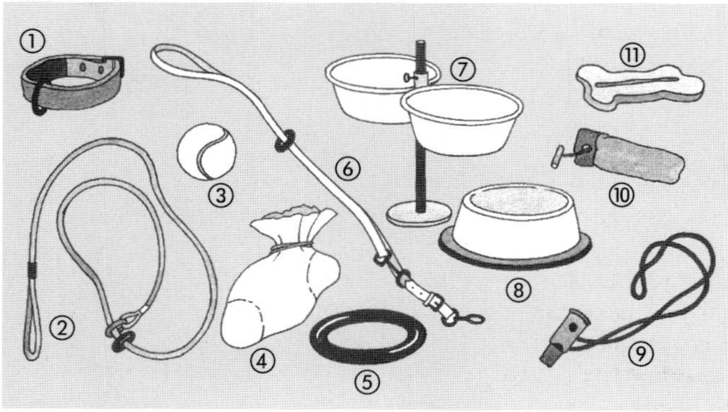

Ausstattungsgegenstände : ① Halsband, ② Retriever-Leine; ③ Tennisball, ④ ausgestopfter Socken, ⑤ Kauring; ⑥ normale Leine, ⑦ höhenverstellbare Futternäpfe oder ⑧ Futternäpfe mit Gummileiste am Boden, ⑨ Doppeltonpfeife, ⑩ Welpendummy, ⑪ Kauknochen aus Büffelhaut.

Eingewöhnung und Alltag

Es ist soweit. Der Welpe kann abgeholt werden. Bedenken Sie, was jetzt alles Neue auf den kleinen Vierbeiner einströmt. Er wird von Mutter und Geschwistern getrennt, kommt in eine für ihn fremde Umgebung und muß sich an seine neue Menschenfamilie gewöhnen. Was er nun braucht, ist Geduld, Verständnis und liebevolle Zuwendung. Richten Sie es deshalb so ein, daß in den ersten Wochen nach seiner Ankunft keine Reisen, Umzug, große Familienfeste oder gar die Geburt eines Babys anstehen. Das wird sonst zu viel für Sie und Ihren neuen Hausgenossen, und das gemeinsame Leben beginnt nervös und stressig. Unter solchen Belastungen kann sich keine gute Bindung zwischen Ihnen und dem Hund aufbauen.

Der Transport nach Hause

Holen Sie Ihren Welpen am besten zu zweit und mit Auto ab. Vergessen Sie nicht Leine, Napf, frisches Wasser, Vetbed (→ Seite 26), ein Handtuch und eine Rolle Küchenpapier ins Auto zu legen. Ein guter Züchter hat wahrscheinlich mit seinen Welpen das Autofahren schon einmal geübt, so daß es keine ganz neue Erfahrung für Ihren Welpen ist.

Es gibt verschiedene Methoden, einen Welpen im Auto zu transportieren. Mit folgender habe ich die besten Erfahrungen gemacht:

Legen Sie dem Welpen sein Halsband um. Das Vetbed oder die Zuhause-Geruch-Decke, die Sie ja schon bei einem früheren Besuch dagelassen haben, wird in den Fußraum des Beifahrersitzes gelegt und der Kleine daraufgesetzt. Nehmen Sie auf dem Beifahrersitz Platz, damit der Hund Ihre Füße und damit Ihre Nähe spürt. Im Fußraum des Wagens ist der Welpe gut aufgehoben. Dort unten ist es dunkel, riecht vertraut nach seiner Decke, und da sind Beine, an die man sich kuscheln kann und Hände, die ihn beruhigend streicheln. Außerdem sieht er nicht, wie die Landschaft vorbeifliegt, was so manche Welpen, die auf dem Schoß transportiert werden, mit Erbrechen quittieren. Anfangs wird Ihr Welpe vielleicht ein wenig meutern und versuchen hochzuklettern. Reden Sie ihm gut zu, streicheln Sie ihn, das Motorengeräusch wirkt einlullend und er schläft schnell ein. Wenn die Reise lang ist, müssen Sie etwa alle zwei Stunden stoppen und mit ihm (angeleint) einen kleinen Spaziergang machen, damit er sein Geschäft verrichten kann. Suchen Sie ihm einen Platz aus, der noch nicht so stark von anderen Hunden benutzt wurde, denn Ihr Welpe hat noch keinen wirksamen Impfschutz (→ Impfen, Seite 48) und könnte sich eine Krankheit zuziehen. Bieten Sie ihm nach dem Spaziergang Wasser zum Trinken an und auch ein paar trockene Hunde-Bisquits (→ Ernährung, Seite 46/47).

Gut ist es, wenn Sie mit Ihrem Welpen noch bei Tageslicht zu Hause ankommen. Zeigen Sie ihm zuallererst den Garten oder einen Platz, an dem er sich lösen kann, denn nach der Autofahrt »muß« er sofort.

Der Welpe darf in den ersten Tagen in seinem neuen Zuhause nicht überfordert werden. Lassen Sie ihm Zeit und Ruhe, damit er alles erkunden und sich an die für ihn noch fremde Umgebung gewöhnen kann.

Das Näschen ist vom Buddeln noch ganz voll Sand.

Die ersten Stunden im neuen Zuhause
Lassen Sie nicht zu, daß sich nun alle Familienmitglieder auf den Kleinen stürzen und mit ihm spielen wollen. Alles ist für ihn fremd, und er braucht jetzt erst einmal Ruhe.
Bieten Sie ihm Futter und Wasser, eventuell auch Welpenmilch an (→ Ernährung, Seite 57). Danach muß er normalerweise gleich nochmal raus. Anschließend darf er einfach schnüffeln und seine neue Umgebung inspizieren. Erlaubt ist es, ihn liebevoll zu streicheln und beruhigend mit ihm zu reden. Rufen Sie ihn vom ersten Tag an mit seinem Namen (→ PRAXIS-Seite 30). Von all den ungewohnten Eindrücken ist der Welpe schließlich todmüde. Legen Sie ihm seine Zuhause-Geruch-Decke ins Körbchen, er wird wahrscheinlich erst einmal schlafen.

Die ersten Nächte daheim
Nachts stellen Sie das Körbchen des Welpen am besten neben Ihr Bett, oder aber Sie schlafen die ersten Wochen in dem Raum, in dem er später nachts schlafen soll. So können Sie ihn beruhigen, wenn ihn der Jammer nach Mutter und Geschwistern überkommt oder ihn sofort nach draußen bzw. auf eine vorbereitete alte Zeitung setzen, wenn er unruhig ist und mal »muß« (→ Stubenreinheit, Seite 30).
Rechnen Sie damit, daß Sie in den ersten Wochen grundsätzlich nachts für ihn aufstehen müssen.
Der Zwerg ist noch nicht in der Lage, lange auszuhalten. Das Bläschen ist noch viel zu klein. Wenn er etwas älter ist und seinen Rhythmus gefunden hat, wird es für Sie weniger stressig und er schläft durch.

Gefahren in Haus und Garten
Balkonbrüstungen und offene Treppengeländer: Schützen Sie beides mit Netzen oder Verblendungen, damit Ihr junger Hund nicht abstürzen kann.
Treppenauf- oder -abgänge: Sie sollten mit Kindergittern gesichert werden. Da die Retriever-Rassen HD-Probleme haben können (→ Erblich bedingte Krankheiten, Seite 52), ist es für sie besser, möglichst lange keine steilen Treppen zu steigen.
Chemikalien oder Putzmittel: Immer für den Hund unerreichbar deponieren, damit er sich nicht daran vergiften kann.
Kinderspielzeug: Junge Retriever tragen so ziemlich alle Gegenstände im Maul herum. Sie beißen z. B. Plastik, wie Legosteine oder Autos aus diesem Material kaputt. Abgeschluckte Plastikteile können zu einem lebensgefährlichen Magen- oder Darmverschluß führen.
Elektrokabel: Beim Zerkauen von Elektrokabeln kann der Hund einen tödlichen Stromschlag bekommen. Ebenso beim Auslecken von Steckdosen. Deshalb: Elektrokabel unter Putz legen und Steckdosen mit Kindersicherungen (aus dem Elektrofachhandel) sichern.
Spitze Gegenstände: Nadeln oder andere spitze Gegenstände dürfen nicht in der Wohnung herumliegen. Verschluckt verursachen sie schwere innere Verletzungen.
Unbeaufsichtigt im Garten: Ein erwachsener Flatcoat z. B. springt aus dem Stand über einen 1,70 m hohen Zaun. Deshalb Ihren Hund niemals unbeaufsichtigt in den Garten lassen.
Schon viele Hunde sind auf solchen außerplanmäßigen Ausflügen überfahren worden. Leider müssen Sie auch an die Möglichkeit denken, daß Ihr Hund aus dem Garten gestohlen werden könnte. Sollten Sie eine heiße Hündin haben, müssen Sie mit Verehrerbesuch für sie rechnen.

Für eine Runde Jogging sind diese beiden Golden Retriever immer zu haben.

PRAXIS
Welpenerziehung

Beginnen Sie mit der Erziehung des Welpen schon in den ersten Tagen seines Einzugs bei Ihnen. Die ersten Erziehungsziele sind: Er muß auf seinen Namen hören; Stubenreinheit; er reagiert auf die Doppeltonpfeife (→ unten); er befolgt die Kommandos »Sitz« und »Komm«.

Erziehungs-Grundregeln

1. Der Hund sollte nur von einem Familienmitglied erzogen und später trainiert werden (→ PRAXIS Training, Seite 42/43).
2. Alle Familienmitglieder müssen von Anfang an die gleichen und möglichst kurzen Kommandos verwenden.
3. Bei Kommandos ist nicht die Lautstärke Ihrer Stimme maßgebend, sondern Ihr Tonfall. Tiefe, etwas drohende Stimme, wenn der Hund etwas tut, was er nicht darf. Hoher, freundlicher Ton beim Training, um ihm die Übung »schmackhaft« zu machen.
4. Konsequenz ist bei der Hundeerziehung unerläßlich. Geben Sie ihm einmal etwas vom Tisch, wird er immer wieder betteln.
5. Kommandos, deren Sinn er begriffen hat, nie mehrfach wiederholen. Schon der junge Hund glaubt dann, daß er nicht sofort hören muß.
6. Hat er eine Übung gut gemacht, Loben und Streicheln nicht vergessen!
7. Übungen dürfen anfangs über den Tag verteilt höchstens einige Minuten dauern. Länger kann sich der Welpe noch gar nicht konzentrieren.

1 | Das Kommando »Sitz« geben und gleichzeitig den Futternapf hochhalten.

Der Name des Welpen

Sprechen Sie Ihren Hund von Anfang an mit seinem Namen an. Suchen Sie einen kurzen, aber zweisilbigen Namen aus, z. B. »Aika«. Vor jedem Kommando zuerst seinen Namen nennen. So weiß Ihr Hund: »Ich bin gemeint.«

2 | Futternapf tief halten und gleichzeitig den Befehl »Komm« geben.

Stubenreinheit

An folgenden Anzeichen erkennen Sie, daß der Welpe mal »muß«:

- Er läuft zur Tür.
- Er ist unruhig und fiept.
- Er schnüffelt hektisch mit der Nase am Boden und fängt dann an, sich im Kreis zu drehen.

Öffnen Sie ihm sofort die Tür, damit er nach draußen kann oder nehmen Sie ihn auf den Arm und tragen ihn zu seinem Löseplatz. Hat er sein »Geschäft« brav erledigt, Streicheln und Loben nicht vergessen.

Für nächtliche Notfälle können Sie in der Nähe seines Schlafplatzes eine dicke Lage Zeitungen legen.

Die Zeitabstände, in denen ihr Welpe in der Regel »muß«, sind: Tagsüber etwa alle 2 Stunden, nachts hält er bis zu 4 Stunden durch. Lassen Sie ihn grundsätzlich nach Ruhephasen und nach jeder Fütterung in den Garten.

Hinweis: Eingenäßte Stellen in der Wohnung gründlich mit einem ungiftigen Reinigungsmittel behandeln. Der Duft hält den Kleinen in Zukunft von dem unerlaubten Löseplatz fern.

Die Doppeltonpfeife

Dieses Trainingsgerät kann später Ihre Stimme ersetzen, wenn Sie mit Ihrem Hund auf Entfernung arbeiten (→ PRAXIS Training, Seite 42/43). Auf der einen Seite ist der etwas tiefere »Triller«, auf der anderen ein hoher Ton zu hören. Ein guter Züchter hat sei-

3| Bei der Übung »an der Leine gehen«, Leine in die rechte Hand nehmen, der Hund geht links von Ihnen.

ne Welpen schon an die Pfeife gewöhnt. Unsere Zwerge rufe ich z. B. folgendermaßen zum Fressen: Ich klatsche kurz in die Hände, rufe sie hoch und lockend und pfeife zweimal kurz hintereinander mit dem hohen Ton der Pfeife.

Die Kommandos »Sitz« und »Komm«

Zeichnung 1 und 2
Üben Sie diese beiden Kommandos zu den Futterzeiten. Heben Sie die gefüllte Futterschüssel so vor sich hoch, daß der Kleine zu Ihnen aufschauen muß. Dabei setzt er sich automatisch. Während er sich hinsetzt, schnell seinen Namen sagen und den Befehl »Sitz« geben. Er wird höchstens einige Sekunden sitzenbleiben und dann aufstehen. Diesen Moment passen Sie ab, treten einen Schritt zurück und stellen ihm, wenn er auf Sie zukommt, mit dem Kommando z.B. »Monty, komm!« sein Futter vor die Nase. So prägen sich dem Welpen gleich zwei Kommandos und Handzeichen (→ Seite 42) ein.

Leinenführigkeit

Zeichnung 3
Für die Übungen zur Leinenführigkeit verwenden Sie am besten ein normales Halsband mit Leine oder eine Retriever-Leine mit Stoppring (→ Zeichnung, Seite 26). Sie halten die Leine in der rechten Hand, der Hund geht links. Machen Sie den ersten Schritt mit dem linken Bein. Das ist für ihn auch ein optisches Signal loszugehen. Wenn er vorläuft, folgt ein kurzer Ruck an der Leine, verbunden mit dem Kommando »Fuß«. Dadurch ist er erstmal geschockt. Muntern Sie ihn mit Worten und Streicheln auf, bis er wieder freudig mitmarschiert. Will er gar nicht mitkommen, gehen Sie in die Hocke, streicheln ihn und locken ihn mit Leckerchen und viel Lob. Wenn er zufällig korrekt bei Fuß geht, sagen Sie »Fuß« und loben ihn überschwenglich. Wenn er begriffen hat, was er tun soll, wechseln Sie ab und zu die Laufrichtung und das Schritttempo, dann wird es interessanter für ihn.

Die ersten Apportierübungen

Zeichnung 4
Den natürlichen Apportiertrieb können Sie schon beim Welpen fördern. Benutzen Sie anfangs zum Apportieren sein Spielzeug – ausgestopfter Socken, Tennisball, alter Schuh – noch nicht sein Welpendummy.
Setzen Sie sich zu ihm auf den Boden. Lassen Sie z.B. einen Tennisball vor ihm kullern oder werfen Sie ihm sein »Socken-Dummy«. Er wird hinterherlaufen, und Sie rufen gleichzeitig das Kommando »Voran-Apport«. Er nimmt Ball oder Socken auf und trägt es umher. Sie gehen nun in die Hocke, breiten die Arme aus und rufen »Komm!«. In der Regel bringt er Ihnen seine »Beute«. Damit er sie fallenläßt, bieten Sie ihm einen Ersatz z. B. ein anderes Spielzeug oder Leckerchen an. So lernt er, etwas »Aus« zu geben. Wenn er etwas älter ist (etwa 10 bis 12 Wochen) benutzen Sie das Welpendummy für diese Übung.

4| Das Welpendummy ist ein Trainingsgegenstand (→ Zeichnung, Seite 26) und sollte erst bei 10 bis 12 Wochen alten Welpen eingesetzt werden.

Gefahren unterwegs

Im Auto: Das Auto wird schon bei gemäßigten Außentemperaturen zur Hitzefalle, wenn es in der Sonne geparkt ist. Selbst bei spaltbreit geöffneten Fenstern und Schiebedach, können die hitzeempfindlichen Retriever einen Hitzschlag bekommen (PRAXIS-Seite 51).

Mein Tip: Es gibt einbruchsichere Scherengitter (im Zoofachhandel), die man leicht ins Autofenster einsetzen kann. So ist wenigstens für ausreichende Luftzufuhr gesorgt, wenn Ihr Hund doch einmal kurz im Auto warten muß.

Beim Einkaufen: Den Hund vor dem Geschäft anzubinden, ist sehr riskant, denn so mancher Hund ist bei der Gelegenheit spurlos verschwunden.

Beim Spielen: Werfen Sie niemals Holzstöcke oder Steine zum Apportieren. Der Retriever von Bekannten war schon am Stock, als der Stock senkrecht auf dem Boden aufprallte und sich dem Tier in die Kehle bohrte. Manche Retriever haben auch die Unart, das Stöckchen kurz und klein zu beißen. Retrieverfreunden ist eine Hündin an abgeschluckten Holzsplittern gestorben, die ihr Magen und Darm perforiert hatten. Steine sind genauso gefährlich. Werden die Hunde getroffen, können sie sich schwer verletzen.

Auf Spaziergängen: Achten Sie auf herumliegende Glassplitter. Wenn der Hund darüberläuft, kann er sich schneiden (→ PRAXIS-Seite 50).

Beim Schwimmen: Durch unkontrolliertes Einspringen in Gewässer kann sich Ihr Retriever an Gegenständen, die unter der Wasseroberfläche liegen, verletzen. Sorgen Sie dafür, daß er erst auf Ihr Kommando hin losläuft (→ PRAXIS-Seite 42). Und noch etwas: Den Retriever immer ohne Halsband ins Wasser schicken. Das Halsband könnte sich beispielsweise an einem Ast verhaken und ihn strangulieren oder unter Wasser festhalten.

Retriever und Kinder

Von Natur aus sind Retriever freundliche, geduldige Hunde, die in der Regel sehr kinderlieb sind.

Kleinere Kinder sollten Sie jedoch nie ohne Aufsicht mit dem Welpen alleine lassen. Vor dem Zahnwechsel haben Welpen nadelspitze Zähnchen und können ein Kind im wilden Spiel empfindlich zwicken (→ Seite 36). Auch ausgewachsene Hunde nicht mit kleinen Kindern alleine lassen. Schon zu oft ist es passiert, daß ein Kind dem Hund in die Augen gegriffen, ihn getreten oder am Schwanz gezogen hat. Wenn der Schmerz zu groß ist, wehrt sich der Hund möglicherweise durch Beißen.

Größeren Kindern können Sie klar machen, daß der Hund ein Lebewesen und kein Spielzeug ist. Das Kind muß lernen, z. B. die Ruhephasen des Hundes zu respektieren, und es darf ihm keine Schmerzen zufügen. Lassen Sie auch niemals zu, daß das Kind den Welpen an den Vorderläufen hochzieht, wenn es ihn auf den Arm nehmen möchte. Zum Hochnehmen den Welpen immer mit einer Hand von vorne unter die Brust, fassen, mit der anderen Hand unter das Hinterteil.

Retriever und andere Heimtiere

Mit anderen Heimtieren verträgt sich ein Retriever meistens gut. Er ordnet sie als »Rudelmitglieder« ein.

Allerdings muß der Welpe den Umgang mit anderen Hausgenossen erst lernen. Er wird versuchen z. B. mit Ihrer Katze oder dem Zwergkaninchen zu spielen. Bei der Katze kann es für ihn gefährlich werden, wenn sie stürmische Annäherungsversuche mit Tatzenhieben abwehrt. Kleintiere allerdings sind eher durch den Welpen gefährdet. Daher Kleintiere besser nicht unbeausichtigt mit dem Welpen zusammen lassen.

Mit anderen Hunden im Haushalt gibt es im allgemeinen keine Probleme.

Mit dem Hund in den Urlaub

Nehmen Sie Ihren Retriever nach Möglichkeit mit in die Ferien. Er leidet, wenn er von seinen Menschen getrennt wird.
Bei Auslandsreisen ist ein Impfpaß nötig (→ Seite 22). Fast alle Länder verlangen bei der Einreise den Nachweis einer Tollwutschutzimpfung. Erkundigen Sie sich nach den jeweiligen Einreisebestimmungen beim Konsulat des betreffenden Landes oder bei Ihrem Tierarzt.
Bei Hotelaufenthalten oder Ferienwohnungen müssen Sie sich vorher informieren, ob Hunde willkommen sind.
Mein Tip: Bedenken Sie bei der Wahl Ihres Urlaubszieles, daß Retriever sehr hitzeempfindlich sind!

Wenn er daheim bleiben muß

Erkundigen Sie sich zuerst bei dem Züchter Ihres Hundes, ob er den Hund in Pflege nimmt.
Eine Tierpension sollten Sie sich genau anschauen, bevor Sie Ihren Hund dorthin geben. Bei guten Pensionen müssen Sie ihn schon mehrere Monate vor Urlaubsbeginn anmelden.
Manche Tierheime nehmen Pensionstiere auf. Erkundigen Sie sich rechtzeitig danach.

Der alte Hund

Je nach Retrieverrasse läßt die Vitalität Ihres Hundes schon ab etwa 9 Jahren nach. Seien Sie jetzt geduldig mit ihm und nehmen Sie auf sein Alter Rücksicht. Das bedeutet jedoch nicht, daß Sie nichts mehr mit ihm unternehmen dürfen. Im Gegenteil, auch ein älterer Hund braucht Bewegung, Beschäftigung und genausoviel Aufmerksamkeit wie ein jüngerer Hund.
Wird er unheilbar krank, lassen Sie ihn nicht aus Egoismus unnötig lange leiden. Begleiten Sie ihn auf seinem letzten Weg zum Tierarzt, und lassen Sie ihn in Ihren Armen einschläfern.

Im Spiel üben die Labrador-Welpen Verhaltensweisen.

Neugierig erkundet der Welpe den morschen Baumstamm.

Buddeln ist eine Retriever-Leidenschaft.

PRAXIS
Pflege

Ein gut gepflegter Retriever sieht nicht nur schön aus, sondern regelmäßige Pflege tut auch seiner Gesundheit gut.

Fellpflege

Zeichnung 1

Es genügt, wenn Sie Ihren Retriever einmal in der Woche gründlich bürsten und kämmen, um abgestorbene und lose Haare zu entfernen. Gewöhnen Sie den Hund schon von klein auf an diese Prozedur.

Bürsten und Kämmen: Zuerst das Fell nach Kletten oder Haarknoten absuchen. Haarknoten mit den Fingern lösen. Dann das Fell mit einer Brüste (Drahtbürste, deren Zinken abgerundet sind oder Bürste mit Naturborsten) vom Kopf an über den Rücken und die Flanken bürsten (mit oder gegen den Strich). Befederung an den Vorderbeinen von unten nach oben bürsten (Haarwuchsrichtung), also von der Pfote in Richtung Brustkorb. Hinterläufe von innen nach außen bürsten Denken Sie bei den Rüden daran, Penis und Hoden mit der Hand zu schützen. Zum Schluß die Rute bürsten. Dann mit einem grobzinkigen Metallkamm nachkämmen (mit dem Strich).

Hinweis: Bei den kurzhaarigen Retrieverrassen lassen sich Staub und abgestorbene Haare auch durch Abreiben mit einem feuchten Fensterleder entfernen.

Curly coated Retriever werden nicht gebürstet, weil sonst die Lockenstruktur verloren geht. Bei der Fellpflege Hund mit Wasser besprühen (Blumenspritze) und dann die Locken nur mit der Hand durchkneten.

Mein Tip: Unter den Behängen verfilzt das Fell schnell. Schneiden Sie Haarknoten dort einfach vorsichtig mit der Schere ab.

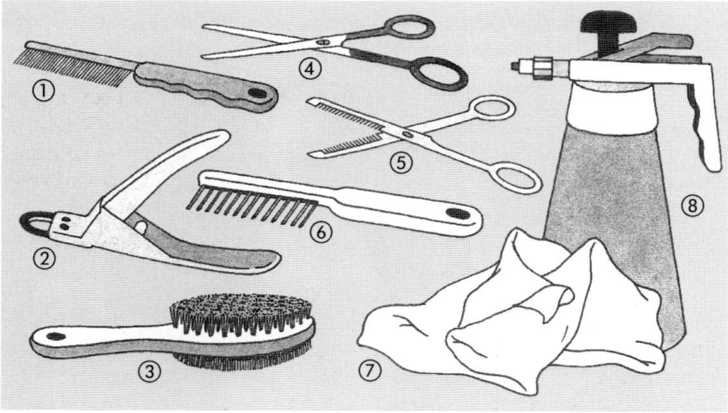

1| Fellpflege-Utensilien. ① Flohkamm, ② Krallenzange, ③ Bürste mit Naturborsten, ④ Schere mit abgerundeten Spitzen, ⑤ Effilierschere, ⑥ Metallkamm, ⑦ Fensterleder, ⑧ Blumenspritze.

Trimmen: Das Fell aller Retrieverrassen wird nicht eigentlich getrimmt, sondern nur nachgeschnitten (→ Seite 59).

Parasiten entfernen

Während der Fellpflege ist die beste Gelegenheit, Ihren Hund auf Parasiten hin zu untersuchen.

Flöhe verursachen dem Hund nicht nur unerträglichen Juckreiz bis hin zur Allergie, sondern fungieren auch als Zwischenwirt für den Bandwurm (→ Entwurmen, Seite 48). Sie befallen besonders folgende Körperpartien: Ohren, Bauch, Brustkorb und die Innenseiten der Hinterläufe. Flöhe sind mit bloßem Auge als schwarze Pünktchen auf der Haut des Hundes zu erkennen. Der Zoofachhandel bietet inzwischen gute Mittel gegen Flöhe an (Sprays, Shampoos, Puder; Gebrauchsanweisung beachten!). Nicht nur der Hund selbst muß behandelt werden, sondern alle Plätze in der Wohnung, an denen er sich gerne aufhält.

Haarlinge und Herbstgrasmilben lösen beim Hund einen starken Juckreiz aus. Sie sind mit dem bloßen Auge an der Haut zu entdecken. Haarlinge setzten sich vor allem an Pfoten, Beinen und am Unterbauch fest. Man erkennt sie als rostbraunen, klein gepunkteten Belag. Gegen beide Parasitenarten wirken spezielle Sprays (aus dem Zoofachhandel oder vom Tierarzt) und antiparasitäre Shampoos.

Zecken sitzen vorwiegend an Kopf und Hals. Sie können stecknadelkopfgroß und in vollgesogenem Zustand bis erbsengroß sein. Suchen Sie im Sommer nach

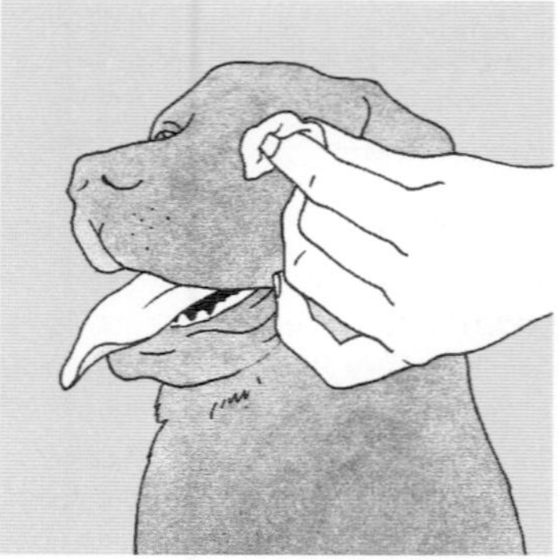

2| *Sekret in den Augen wird mit einem spitz zugedrehten Papiertaschentuch entfernt.*

jedem Spaziergang mit Ihrem Retriever sein Fell nach Zecken ab und entfernen Sie sie. Dazu Fellhaare um die Zecke teilen, und mit der Kuppe des Zeigefingers ohne viel Druck die Zecke drehen. Sie läßt ganz sicher los. Damit diese Methode klappt, muß der Zeckenkörper mindestens einen Durchmesser von 3 mm haben. Frisch festgesaugte Zecken sollten Sie mit Hilfe einer Zeckenzange herausdrehen.
Hinweis: Ein Insektenhalsband (aus dem Zoofachhandel) soll verhindern, daß der Hund von Parasiten befallen wird. Das Halsband dünstet Insektizide aus, was aber gleichzeitig vermehrten Giftkontakt für Mensch und Hund bedeutet.

Duschen oder Baden?
Retriever sind von Natur aus »Wassernarren«. Sie nehmen bei jeder Gelegenheit, die sich ihnen bietet, ein Bad im nahegelegenen Weiher oder Fluß. Deshalb ist Duschen oder Baden im Grunde unnötig. Sollte das Fell einmal sehr stark verschmutzt sein, Hund duschen und ein spezielles rückfettendes Hundeshampoo (aus dem Zoofachhandel) verwenden.

Die Pflege der Augen
Zeichnung 2
Die tägliche Kontrolle der Augen gehört zum Pflicht-Pflegeprogramm für Retriever. Beim Schlafen bildet sich oft ein Sekret in den Augenwinkeln, das entfernt werden muß. Benutzen Sie dazu ein spitz zugedrehtes Papiertaschentuch (immer von innen nach außen wischen). Wenn Sie bemerken, daß das Sekret eitrig ist, oder die Augen des Hundes tränen und die Bindehäute rot sind, müssen Sie ihn dem Tierarzt vorstellen.
Mein Tip: Junge Flat coated Retriever haben oft Probleme mit den Unterlidern (→ Seite 53). Es sammelt sich immer wieder Schmutz im Bindehautsack an. Deshalb dem Hund nach jedem Schwimmen oder Buddeln die Augen mit Augentropfen spülen. Bei meinen Flatcoats hat sich das homöopathische Mittel Euphrasia-Augentropfen bewährt.

Die Pflege der Ohren
Zeichnung 3
Die Ohren müssen täglich inspiziert werden. Säubern Sie die Ohren, indem Sie jedes Ohr anheben und zunächst mit einem feuchten Lappen den Schmutz auf der Ohrunterseite entfernen. Einmal wöchentlich Ohrreiniger (spezielle Flüssigkeit vom Tierarzt oder aus dem Zoofachgeschäft) ins Ohr einträufeln. Es löst Ohrschmalz und Verschmutzungen. Danach wischen Sie die Ohrmuschel mit einem Tuch oder Wattepads aus, den Gehörgang mit einem spitz zugedrehten Taschentuch.
Hinweis: Bei Ohrausfluß oder Geruch den Tierarzt aufsuchen.

Zahnkontrolle
Kontrollieren Sie das Gebiß Ihres Retrievers regelmäßig. Achten Sie dabei auf Zahnstein, der als kompakter bräunlicher Belag am Zahnhals zu erkennen ist. Zahnstein entsteht durch zu weiche Nahrung. Vorbeugend wirken harte Hundebisquits (→ Seite 46). Wenn das Zahnfleisch entzündet ist oder der Hund unangenehm aus dem Maul riecht, sollten Sie einen Tierarzt zu Rate ziehen.

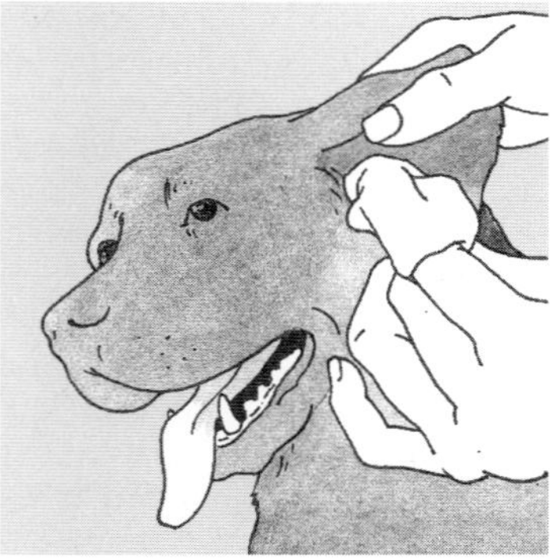

3| *Den Gehörgang vorsichtig mit einem spitz zugedrehten Papiertaschentuch reinigen.*

Krallen kürzen
Zu lange Krallen müssen gekürzt werden. Wie man das macht, sollten Sie sich von einem Züchter oder dem Tierarzt zeigen lassen. Es gehört viel Erfahrung dazu, die Krallen so zu schneiden, daß der Hund nicht verletzt wird.

Retriever verstehen und beschäftigen

Die Retriever als Jagdhunde sind in ihrem Verhalten in vieler Hinsicht dem Wolf, ihrem Urvater, ähnlicher geblieben als manche kleine Hunderasse. Damit Sie Ihren Hund verstehen lernen, sollten Sie seine typischsten Verhaltensweisen kennen, sie richtig deuten und entsprechend reagieren können.

Der kleine Golden Retriever hält sein Welpendummy fest im Fang.

Die Verständigung von Hund zu Hund
Hunde haben, wenn sie im Rudel leben, wie ihre Urväter, die Wölfe, eine strikte Rangordnung.
Der Alpha-Rüde, der Oberboss, hat das Sagen. Er bestimmt, was die Rangniedrigeren dürfen und was nicht. Die Verständigung der Hunde untereinander geschieht durch Körpersignale, Blickkontakt, Mimik und Lautäußerungen. Diese Hundesprache müssen Sie interpretieren können, wenn Sie mit Ihrem vierbeinigen Freund in Harmonie leben und ihn verstehen wollen. Sie ist natürlich beim Junghund und erwachsenen Hund deutlich ausgeprägter als beim Welpen.
Im Spiel mit den Wurfgeschwistern werden von den jungen Hunden alle Formen des Verhaltens eines erwachsenen Hundes im Rudel trainiert (→ Zeichnung, Seite 38).
Beißt ein Welpe im Spiel mit seinen Wurfgeschwistern zu fest zu oder hält zu nachdrücklich das Fell des anderen fest, tut es diesem natürlich weh. »Das Opfer« zeigt dies an, indem es aufschreit. Manchmal weist auch die Mutterhündin den Welpen zurecht, indem sie zuerst knurrt und dann mit dem Fang über den Kopf des Welpen faßt.
Mein Tip: Packt Ihr Welpe im Spiel mit Ihnen oder Ihren Kindern zu fest zu, sollten Sie auch einen Schmerzensschrei von sich geben. Weisen Sie ihn mit einem energischen, drohenden »Nein« zurecht (→ PRAXIS-Seite 30).
Ignoriert er alles, fassen Sie in sein Nackenfell und schütteln ihn. Diese Strafe aber nur bei »schweren Vergehen« anwenden, sonst verliert sie auf Dauer ihre Wirkung.

Lautsprache
Bellen: Ihr Hund bellt in mehreren Tonlagen, deren Bedeutungen Sie bald zu unterscheiden lernen. Ein Welpe bellt hoch und wirkt dabei freudig. Er tut dies während des Spiels mit Artgenossen oder mit Ihnen.
Beim Junghund kann sich schon eine Art des Futterbettelns in Form von hohem Bellen ausgeprägt haben. Er fordert Sie auf diese Weise auf: »Gib mir etwas ab«, und wenn Sie es tun, haben Sie bald einen Hund, der jedesmal, wenn er seinen Kopf durchsetzen will, ausdauernd kläfft.
Ist der Retriever gut erzogen und bettelt grundsätzlich nicht, kann das Bellen auch eine Spielaufforderung bedeuten.
Winseln: Eigenlich hört man Retrieverwelpen und erwachsene Hunde nur winseln oder jammernd heulen, wenn sie sich alleingelassen fühlen oder Schmerzen haben.
Heulen: Die Art zu Heulen wie ein Wolf kommt seltener vor. Manche Retriever reagieren zum Beispiel auf Glockengeläute mit Heulen, andere, die Herrchen oder Frauchen zur Jagd begleiten, wenn Hornsignale geblasen werden. Ist

Stolz präsentiert der Labrador Retriever die Ente. Er hat seine Aufgabe erfüllt.

Die eigentliche Passion der Retriever ist das Aufspüren von erlegtem Wild und das Apportieren der Beute zu ihrem Herrn. Ein Retriever, der nicht zur Jagd eingesetzt wird, muß genügend beschäftigt werden, damit er sich nicht aus Langeweile Arbeit in Eigenregie sucht.

eine heiße Hündin in der Nähe, kann dies der Grund bei Rüden sein.
Knurren und »Grunzen«: Das Knurren ist meist mit zurückgelegten Ohren verbunden und kann als Abwehr- oder Drohreaktion gewertet werden, auf jeden Fall ist es eine Warnung.
Ich kenne viele Retriever, die beim Spielen oder wenn sie gekrault werden, alle möglichen Grunz- und Knurrlaute von sich geben. Aber diese signalisieren dann eindeutig Wohlbehagen.
Manche Hunde sind in dieser Art sehr gesprächig. Auch während des Träumens bellen oder knurren Hunde.
Hinweis: Hunde zucken und rennen auch im Schlaf. Schon bei ganz kleinen Welpen kann man das beobachten.

Verhaltensweisen richtig deuten

Angst: Hat Ihr Hund Angst und ist unsicher, geht er etwas geduckt, mit zurückgelegten Ohren und niedrig getragener oder eingezogener Rute auf Sie zu. Ist die Ursache seiner Angst ein Gegenstand oder etwas, das er noch nicht kennt, wird er sich dicht an Sie drücken und bei Ihnen Schutz suchen. Gehen Sie mit ihm, reden Sie ihm beruhigend zu und führen Sie ihn an der Ursache seiner Angst vorbei. So geben Sie ihm Sicherheit. Junghunde haben eine Phase, in der sie sich plötzlich, besonders bei Nacht, vor Situationen und Gegenständen ängstigen, die sie eigentlich genau kennen. Beruhigen Sie Ihren Hund, hocken Sie sich neben ihn und streicheln Sie ihn. Legen Sie ihm eine Hand unter den Bauch. Dies simuliert das Verhalten von Hundemüttern. Sie legen ihre Schnauze unter den Bauch oder auf den Rücken des jungen Hundes, um ihn zu beruhigen.
Pföteln: Diese Verhaltensweise ist angeboren und stammt aus dem Welpenalter. Es simuliert eigentlich den sogenannten Milchtritt. Dabei kneten die Welpen mit ihren Pfoten das Gesäuge der Mutter, um den Milchfluß anzuregen. Wenn Ihr Hund bei Ihnen pfötelt, kann dies sowohl eine Bettelgeste, Beschwichtigungsgeste oder Spielaufforderung bedeuten.
Lecken: Will Ihr Hund Sie mit der Zunge lecken, ist das ein Beweis seiner Zuneigung. Welpen lecken die Mundwinkel ihrer Mutter, um Futter zu betteln. Später gehört das Mundwinkellecken zum Begrüßungsritual im Rudel. Übrigens: Retriever sind so verschmust, daß sie auch als erwachsene Hunde noch versuchen, auf Ihren Schoß zu klettern. Von dort kommen sie besser an Ihr Gesicht und an die Ohren.
Nasenstupsen: Auch dies ist ursprünglich ein Welpenverhalten. Welpen stupsen beim Trinken nicht nur mit den Vorderpfötchen sondern auch mit der Nase ihre Mutter am Gesäuge, um den Milchfluß anzuregen. Das Nasenstupsen bei Ihnen hat allerdings die Bedeutung einer Aufforderung zum

Auch Rangordnungskämpfe üben junge Hunde im Spiel.

Spielen oder Schmusen. Es kann auch heißen: »Gib mir was.« Dies kann sehr unangenehm werden, wenn Sie mit einer Tasse heißen Kaffee in der Hand am Tisch sitzen und Ihr Retriever stupst Sie mit seiner Nase kräftig von unten an Ihren Ellbogen. Lassen Sie deshalb Bettelstupsen am Tisch keinesfalls zu.
»Arm« apportieren: Eine Eigenart vieler Retriever ist es, Ihre Menschen am Arm zu apportieren. Sie nehmen beim Spazierengehen, sobald sie groß genug dazu sind, den Unterarm oder die Hand in den Fang und »tragen« sie. Dies ist ein ganz normales Verhalten.
Drohverhalten: Dieses Verhalten ist am Zusammenspiel von Mimik, Körpersprache und Lautsprache zu erkennnen. Der Hund zieht die Oberlippe hoch und die Mundwinkel nach hinten, so daß die Zähne zu sehen sind. Er zieht die Nase kraus, blickt starr und hat die Ohren nicht auf entspannter Normalstellung sondern seitlich vom Kopf. Er trägt die Rute hoch, sein Nackenfell ist gesträubt und er knurrt. Jetzt ist Vorsicht geboten, denn er wird gleich zubeißen.
Zeigt Ihnen Ihr Retriever aber seine Zähne wie oben beschrieben und kommt freudig schwanzwedelnd auf Sie zu, ist dies kein Drohverhalten, sondern er lacht Sie im wahrsten Sinne des Wortes an.

Hundebegegnung

Wenn Ihr Retriever zum Beispiel bei einem gemeinsamen Spaziergang mit Ihnen einem anderen unbekannten Hund begegnet, können Sie folgendes beobachten:
Zuerst einmal schauen sich die beiden aufmerksam an, ihre Ohren sind dabei etwas aufgerichtet. Dann erst gehen sie vorsichtig aufeinander zu. Achten Sie, wenn die beiden Hunde aufeinander zugehen, auf die Haltung der Ruten. Wedeln sie freundlich, keine Gefahr. Kneift einer die Rute ein, ist er ängstlich. Trägt er sie normal unterhalb der Rückenlinie, neutral, bedeutet das: »Ich bin nicht interessiert.« Starren sich die Hunde drohend an, steht die Rute senkrecht nach oben und ist das Nackenfell gesträubt, gehen die Hunde steifbeinig umeinander herum, Breitseite zeigend, heißt das: »Vorsicht, es könnte Krach geben.«
Drohstarre: Hunde, besonders die dominanten Vertreter ihrer Rasse, haben neben dem Imponieren noch die Möglichkeit der Drohstarre. Im Wolfsrudel braucht der Alpha-Rüde nur einmal kurz drohend zu starren, schon herrscht Ruhe. Die rangniederen Tiere sind wieder diszipliniert und Rangordnungskämpfe unterbleiben. Dasselbe Verhalten zeigen auch die Hunde. Nun sind Retriever normalerweise sehr friedlich und kämpfen, wenn sie ein typisches Wesen haben, nicht von sich aus. Manchmal wird aber doch ein pubertärer Retriever-Jüngling »größenwahnsinnig« und provoziert einen erwachsenen Rüden. Meist endet dies damit, daß er sozusagen von dem Älteren auf den Rücken gelegt wird. Genauer, er ordnet sich dem stärkeren Rüden unter, indem er sich auf den Rücken wirft und seine Kehle darbietet. Dies löst beim ranghöheren Hund mit normalem Verhalten eine Beißhemmung aus. Der Rangniedere geht mit eingekniffener Rute weg und hat seine Lektion gelernt.
Mein Tip: Halten Sie Ihren Hund nicht an der Leine, wenn ein anderer freilaufender Hund auf ihn zukommt vorausgesetzt, Sie können ihn an dieser Stelle unbesorgt ableinen. Ihr Hund kann sich freier bewegen und die beiden können einander ausweichen.
Sind beide Hunde an der Leine, sollte man ihnen Gelegenheit geben, sich ausgiebig zu beschnuppern.

Hunde sollten immer die Möglichkeit bekommen, Artgenossen zu treffen. Nur so lernen sie richtiges Sozialverhalten.

Begeistert jagt der Duck Toller dem Ball nach.

Noch bevor der Ball aufprallt,

Beschäftigung ist wichtig

Retriever sind außerordentlich intelligente Hunde, die Spaß daran haben, zu lernen und Aufgaben zu erfüllen.

Ein unterbeschäftigter Retriever wird zwar nicht aggressiv oder zum frustrierten Kläffer, sondern er sucht sich dann Beschäftigung in Eigenregie. Aus Langeweile zerkaut er Gegenstände oder den Teppich, was sicher nicht in Ihrem Sinne ist. Deshalb: Beschäftigen Sie Ihren Retriever ausgiebig.

<u>Welpe und Junghund:</u> Schon bei den ersten Erziehungsübungen des Welpen (→ PRAXIS-Seite 31) werden Sie feststellen, wie begeistert er mitmacht. Spielen Sie immer wieder mit ihm, denn dies festigt die Bindung zwischen Ihnen und dem Kleinen, und er baut Vertrauen auf. Lassen Sie den Welpen z. B. seine Spielsachen, einen ausgestopften Socken oder einen alten Schuh apportieren. Den Trainingsgegenstand Dummy allerdings sollten Sie nur für Apportierübungen einsetzen.

Welpen lieben darüber hinaus kleine Suchspiele mit Bällchen oder Hundebisquits, die Sie zunächst verstecken und ihn dann suchen lassen. Gestalten Sie das Versteckspiel aber nicht zu schwer, sonst verliert der Kleine schnell die Lust daran.

Sehr zu empfehlen sind die sogenannten Welpen- und Junghundetreffs, die von den Retriever-Vereinen angeboten werden. Hier kann Ihr Welpe im Spiel mit Artgenossen Sozialverhalten üben.

<u>Erwachsener Hund:</u> Mit ihm sollten Sie täglich mindestens zwei Stunden spazierengehen, und er muß die Möglichkeit zum Schwimmen haben. Achten Sie bei kaltem Wetter aber darauf, daß Ihr Retriever nur kurz im Wasser bleibt. Am besten frottieren Sie ihn nach

hat ihn der Hund erreicht ...

... und fängt ihn sicher mit dem Maul auf.

dem Schwimmen gut ab. Rüden können sich, vor allem wenn sie schon älter sind, schnell eine Nierenentzündung, Hündinnen eine Blasenentzündung zuziehen. Bei Frost den Hund vorsichtshalber nicht ins Wasser lassen.

Nicht nur die Bewegung ist für seine Gesundheit überaus wichtig, sondern auch die verschiedenen Eindrücke, die Ihr Retriever während des Spaziergangs sammeln kann. Auf solchen Spaziergängen lassen sich auch Spiel und Training einbauen. Verstecken Sie sein Dummy so, daß er es sieht, aber gehen Sie dann mit ihm weiter. Er merkt sich die Stelle und bringt es auf Ihren Befehl »Voran-Apport«. Zeigen Sie ihm Gegenstände von sich, legen Sie sie so auf den Boden, daß er es sieht, dann, nachdem Sie eine Strecke weitergegangen sind, schicken Sie ihn »Voran-Apport« zurück und er bringt sie Ihnen nach.

Jogging und Fahrradtraining sind für Sie und Ihren Retriever Möglichkeiten, gemeinsam etwas für Gesundheit und Fitness zu tun. Betreiben Sie aber beide Sportarten nur mit dem erwachsenen Hund und in Maßen. Bei Junghunden (bis 18 Monate) ist das Skelett noch zu weich, und ein langes Lauftraining schadet Knochen und Gelenken eher.

Keinesfalls dürfen Sie bei heißem Wetter mit Ihrem Retriever joggen oder radeln, denn Retriever sind sehr hitzeempfindlich.

Hinweis: Auf den PRAXIS-Seiten 42 und 43 finden Sie weitere Erziehungstips und Anregungen zur Ausbildung Ihres Retrievers.

Erziehung für Fortgeschrittene
Mit etwa 6 Monaten ist Ihr Retriever so konzentrationsfähig, daß Sie mit ihm weiterführende Erziehungsübungen machen können. Ein gehorsamer Hund kommt nicht so schnell in Gefahrensituationen und wird für Sie und Ihre Mitmenschen nicht zum Problem. Grundsätzlich gelten auch hier alle Erziehungs-Grundregeln, die ich Ihnen bereits für die Welpenerziehung beschrieben habe (→ Seite 30).
Weiterhin berücksichtigen müssen Sie für den heranwachsenden Hund:
• Nie unmittelbar nach der Fütterung trainieren, da die Gefahr einer Magendrehung besteht (→ PRAXIS-Seite 51).
• Manche Hunde sind so lebhaft, daß sie vor den Übungen ein wenig Bewegung haben müssen. Dann ist der erste »Dampf« weg und sie sind aufmerksamer bei der Sache.

Das Kommando »Bleib«
Bei der Übung »Bleib«, verlangen Sie von Ihrem Hund, daß er sich setzt oder legt und auf seinem Platz bleibt, bis er das Kommando »Komm« hört oder Sie ihn abholen und anleinen. »Sitz« und »Komm« haben Sie bereits mit dem Welpen trainiert (→ PRAXIS-Seite 31). Nun muß er sitzenbleiben, solange er Ihre rechte, erhobene Handfläche sieht und Sie sich rückwärts entfernen. Steigern Sie die Zeit, während er bleiben muß, langsam. Ihr Handzeichen verbinden Sie gleichzeitig mit dem Kommando »Bleib« und mit einem Triller auf der Doppeltonpfeife (→ Seite 31). Steht Ihr Hund auf, setzen Sie ihn konsequent mit dem Befehl »Sitz, Bleib« auf den Platz zurück und trillern nochmals mit dem tiefen Pfeifton. Mit diesem Triller stoppen Sie später Ihren Hund im Lauf, bzw. geben das Pfeifkommando »Sitz und Bleib« auf Entfernung.

1 | Bei der Begleithundeprüfung wird auch die Schußfestigkeit des Retrievers getestet.

Manche Hunde »robben«, wenn sie sich unbeobachtet glauben, in Richtung Hundeführer. Gehen Sie dann zu ihm hin und führen Sie ihn konsequent auf seinen ursprünglichen Platz zurück. Am besten markieren Sie sich die Stelle.

»Kommen auf Befehl«
Das »Komm«-Kommando kennt Ihr Retriever schon aus seiner Welpenzeit (→ Seite 31). An der Leine oder auf kurze Distanz befolgt er diesen Befehl meist problemlos. Schwierig wird es, wenn er ohne Leine frei laufen darf. Hier gibt es soviel zu sehen und zu schnuppern. Warten Sie, bis er in Ihre Richtung schaut, rufen Sie ihn mit dem Kommando »Komm« und pfeifen Sie zweimal mit dem hohen Ton der Doppeltonpfeife (tüt-tüt). Wenn er dann nicht kommt, einfach in die andere Richtung weggehen. Ihr Hund merkt »mein Rudelchef geht weg« und ganz flugs kommt er zurück. Loben Sie ihn dann überschwenglich. Rennen Sie keinesfalls Ihrem Hund hinterher, denn das wäre ja ein herrliches Fangen-Spiel für ihn. Schimpfen Sie den Hund niemals aus, wenn er schließlich zurückkommt. Das einzige, was sich Ihrem Retriever dann einprägt ist: »Wenn ich zurückkomme, werde ich ausgeschimpft.« Er soll aber gerne kommen und dies immer positiv empfinden.
Hinweis: Wenn Ihr Retriever in einiger Entfernung gerade mit anderen Hunden spielt, versuchen Sie erst gar nicht diese Übung durchzuführen. Der Hund wird nicht auf Sie hören, weil er zu stark abgelenkt ist.

Die Begleithundeprüfung
Zeichnung 1 und 2
Nicht nur als Erziehungsprogramm, sondern auch für eine sinnvolle Beschäftigung Ihres Hundes ist die Begleithundeprüfung zu empfehlen. Entsprechen-

2 | Außer-Sicht-Gehen nennt sich diese Übung. Der Hund muß warten, bis sein Herr ihn abholt.

de Kurse bieten die Retriever-Vereine an. Unter der Anleitung eines erfahrenen Hundetrainers lernen Sie und Ihr Hund die Übungen des Begleithundeprogramms. Das sind: Leinenführigkeit, Folgen frei bei Fuß, Ablegen (»Platz«) in Verbindung mit Herankommen, Ablegen auf Entfernung, Ablegen des Hundes und Außer-Sicht-Gehen (→ Zeichnung 2), sowie Abholen und wieder Anleinen, Bringen eines Stück Wilds oder eines weichen Gegenstandes, der dem Führer gehört. Geprüft wird auch die Schuß- und Geräuschgleichgültigkeit (→ Zeichnung 1). Der Hund darf frühestens mit 12 Monaten die Prüfung ablegen.

Andere Prüfungen und Beschäftigungsmöglichkeiten

Zeichnung 3

Sinnvoll beschäftigen können Sie Ihren Retriever, indem Sie mit ihm auf Prüfungen hinarbeiten. Wie wäre es z. B. mit einem Training zur Dummy-Prüfung.

Bei der Dummy-Prüfung werden jagdliche Aufgaben mit dem Dummy simuliert wie z. B. »Verlorensuche«. Acht Dummies werden im deckungsreichen Gelände für Hund und Führer nicht sichtbar ausgeworfen und der Retriever soll sie suchen und bringen, oder er soll Dummies über Wasser apportieren. Es werden Dummies geworfen, er kann es sehen, muß sich merken, wohin sie gefallen sind und sie apportieren. Von der Anfänger- bis zur Meisterklasse ist es ein weiter Weg, der aber Mensch und Hund viel Freude machen kann. Eine bestandene Dummy-Prüfung beim Retriever-Club wird unter Retrieverhaltern recht hoch eingeschätzt.

Die Ausbildung zum Rettungshund ist eine andere anspruchsvolle und sehr trainingsintensive Aufgabe für Hund und Führer. Falls Sie Interesse haben, wenden Sie sich an die regionalen Rettungshundestaffeln. Genaueres erfahren Sie über das Rote Kreuz oder den Katastrophenschutz.

Agility – ein neuer Begriff für den Hundebreitensport – ist eine weitere Beschäftigungsmöglichkeit. Sie haben es vielleicht schon gesehen, wenn Hunde über Hindernisse balancieren, auf Schrägen klettern (→ Zeichnung 3), durch einen Tunnel kriechen oder um Stöckchen herum Slalom laufen. Das macht auch Retrievern Spaß – besonders dem kleinen Duck Toller – und da Sie immer mitflitzen müssen, glaube ich, hält es Sie genauso wie Ihren Retriever in Form.

Jagd-Leistungsprüfungen werden für Jäger mit ihren Retrievern von den Retriever-Clubs und vom Jagdgebrauchshundeverband durchgeführt.

Hinweis: Retriever eignen sich nicht für eine Ausbildung zum Schutzhund. Vier der sechs Retrieverrassen haben keinerlei Schärfe, was für einen guten Schutzhund eine unerläßliche Wesenseigenschaft ist. Selbst die beiden Retrieverrassen, die einen gewissen Schutztrieb haben, der Curly coated und Chesapeake Bay Retriever, geben niemals wirklich gute Schutzhunde ab.

3 | Agility ist ein neuer Sport für Hund und Führer. Dabei muß der Hund einen Hindernis-Parcours durchlaufen.

Gesunde Ernährung

Etwas fragend schaut dieser kleine Golden Retriever aus. Gibt es nun Futter oder nicht?

Eine gesunde, artgerechte Ernährung ist das A und O für die Gesundheit Ihres Retrievers. Viele Menschen meinen immer noch, reine Fleischfütterung sei das Richtige für den Hund. Doch so einfach ist es nicht. Der Organismus des Hundes braucht neben dem eiweißhaltigen Fleisch auch pflanzliche Stoffe und Ballaststoffe sowie Vitamine, Spurenelemente und Mineralstoffe.

Fertigfutter

Die beste Methode, seinen Hund ausgewogen zu ernähren, ist heute Fertigfutter. Die im Handel angebotenen Futtermischungen enthalten alle wichtigen Nähr- und Aufbaustoffe, die Ihr Hund braucht.

Trockenfutter als Komplettfutter vertragen meine Hunde am besten. Ich gieße es mit warmen Wasser oder leicht gesalzener Fleisch- und Gemüsebrühe an, lasse es etwa 20 Minuten weichen und verfüttere es dann noch lauwarm.

Dosen- und Halbfeuchtfutter enthält zwischen 25 und 75% Wasser. Man kann mit diesem Komplettfutter seinen Hund ausschließlich ernähren. Aber meine Hunde zum Beispiel reagieren auf Dosenfutter mit Durchfall und vertragen es nur mit Flocken gemischt.

Hinweis: Achten Sie darauf, daß das ausgewählte Fertigfutter keinesfalls den Konservierungsstoff »Ethoxyquin« enthält und keinen zu hohen Eiweißanteil (Proteine) – nicht über 25% – hat. Dies kann bei Retrievern ein zu schnelles Wachstum der Knochen auslösen.

Mein Tip: Sehr gute Erfahrungen mache ich seit Jahren mit dem Trockenfutter »Recipe«, das Lammfleisch, Reis und Gerste oder Weizen und natürlich alle erforderlichen Vitamine, Mineralstoffe und Spurenelemente enthält (im Zoofachhandel erhältlich).

Es gibt für Welpen und Junghunde ebenso wie für ältere Hunde, Allergiker oder magenempfindliche Tiere spezielle Mischungen dieser Komplettnahrung, auch mit anderen Fleischsorten gemischt.

Hundemenüs selbst zubereiten

Wer seinen Hund ausschließlich selbst bekochen möchte, sollte sich darüber klar sein, daß eine gesunde Futtermischung zuzubereiten eine Wissenschaft für sich ist und viel Zeit kostet. Sie müssen Eiweiß-, Fett-, Kohlenhydrat-, Vitamin-, Spurenelement- und Mineralstoffwerte »Ihrer« Mischung selbst ermitteln, um zu wissen, ob Ihr Hund alles in seiner Nahrung erhält, was er zu Aufbau und Gesunderhaltung seines Körpers benötigt. Dies gelingt nach meiner Erfahrung nur Ernährungsexperten (→ Bücher, die weiterhelfen, Seite 62).

Das richtige Futterzusammensetzung

Welpen haben einen höheren Nährstoffbedarf als erwachsene Hunde. Füttern Sie deshalb spezielles Welpenfertigfutter aus dem Zoofachhandel.

Mein Tip: Während des Zahnwechsels (ab 16. Lebenswoche) gebe ich meinen Welpen zur Unterstützung des Zahnwachstums folgende homöopathische Mittel über einen Zeitraum von drei Wochen: Calcium carbonicum D3, Calcium phosphoricum D6, Calcium fluora-

Heute muß der Labrador-Welpe nicht mit seinen Geschwistern teilen.

tum D6. Die Welpen erhalten dreimal täglich eine Tablette vom gleichen Medikament.
Die Medikamente verabreiche ich im täglichen Wechsel (Beispiel: 1. Tag Calcium carbonicum, 2. Tag Calcium phosphoricum, 3. Tag Calcium fluoratum, 4. Tag Calcium carbonicum). Zerstoßen Sie die Tablette zwischen zwei Teelöffeln zu Pulver und geben Sie es dem Welpen direkt auf die Zunge (→ PRAXIS-Seite 50/51).
Erwachsene Hunde bekommen eine Komplettnahrung mit einem Fleischanteil von etwa 30%. Hunde, die im Jagdeinsatz sind, brauchen vorübergehend ein hochwertigeres Futter – also mehr Fleisch (Proteine) und Kohlenhydrate, wenn sie viel leisten müssen.
Ein älterer Hund benötigt nicht mehr soviel eiweißhaltiges Futter, also Fleisch, dafür aber mehr Ballaststoffe, also Kohlenhydrate. Auch für seine Bedürfnisse gibt es spezielles Seniorenfutter im Fachhandel zu kaufen.
Für tragende Hündinnen ab der 5. Trächtigkeitswoche sollte die Futtermenge erhöht werden, etwa das Zweifache der normalen Ration, je nach Ernährungszustand der Hündin. Erhöhen Sie die Gesamtnahrungsmenge nicht durch Zugabe von Kohlehydraten, sondern durch eiweißreiches Futter (Fleisch, Fisch, Quark, gekochtes Ei, bei rohem Ei nur Eigelb verwenden).
Mit zunehmendem Bauchumfang der Hündin sollten Sie ihr – über den Tag verteilt – mehrere kleine Mahlzeiten verabreichen.

Futtermenge

Es ist schwierig, genaue Futtermengen anzugeben, denn Hunde verwerten Futter ebenso individuell wie Men-

schen. Je nach Temperament brauchen beispielsweise lebhafte Hunde, die sich viel bewegen, mehr Futter als eher ruhig veranlagte.
Orientieren Sie sich beim Fertigfutter am besten an den Mengenangaben der Futtermittelhersteller auf den Packungen bzw. Dosen. Meistens liegen die Angaben jedoch an der Obergrenze, und die Hunde werden eher zu dick. Dies bekommt der Gesundheit Ihres Retrievers natürlich schlecht.
Mein Tip: Ob Ihr Hund zu dick oder zu dünn ist, prüfen Sie folgendermaßen: Fühlen Sie die Rippen Ihres Hundes an. Müssen Sie richtig drücken und unter dem Fell danach »graben«, ist er viel zu dick. Wenn Sie die Rippen und das Rückrat Ihres Hundes »sehen« oder direkt unter der Haut fühlen können, ist er wiederum viel zu mager und bekommt entweder zu wenig Futter oder er hat eventuell Würmer oder andere Gesundheitsstörungen (→ Gesundheitsvorsorge und Krankheiten, Seite 48). Gegebenenfalls Ursache vom Tierarzt abklären lassen.

Futterplatz und Fütterungszeiten
Futterplatz: Füttern Sie Ihren Retriever an einem ruhigen Platz, wo er ungestört sein Mahl verzehren kann.
Fütterungszeiten: Generell sollten Sie den Hund immer vor Ruhephasen füttern, z. B. nach dem Auslauf morgens und nachmittags oder abends nach dem großen Spaziergang. Füttern Sie immer zur gleichen Zeit.
Welpen bekommen, bis sie 12 Wochen alt sind, 4 Mahlzeiten am Tag.
Ab etwa 3 Monaten 3 Mahlzeiten und dann ab etwa 7 Monaten 2 Mahlzeiten pro Tag.
Erwachsene Hunde füttere ich grundsätzlich 2mal am Tag. Wenn ihre Tagesration auf 2 Mahlzeiten aufgeteilt wird, ist der Organismus Ihres Hundes nicht so stark belastet und die Gefahr der gefürchteten Magendrehung (→ PRAXIS-Seite 51) wird geringer.

Für den kleinen Hunger zwischendurch
Etwas Hartes zum Beißen ist für die Erhaltung und Pflege des Hundegebisses außerordentlich wichtig. So wird vor

Fütterungsregeln

1. Füttern Sie Ihren Retriever immer zur selben Zeit und am selben Ort.

2. Sorgen Sie dafür, daß der Hund beim Fressen ungestört ist.

3. Entfernen Sie übrig gebliebenes Futter nach etwa 30 Minuten, denn es verdirbt schnell.

4. Näpfe täglich gründlich mit heißem Wasser reinigen.

5. Dafür sorgen, daß immer frisches Wasser für den Hund bereitsteht.

6. Nie Futter direkt aus dem Kühlschrank anbieten oder eiskaltes Wasser zu trinken geben. Das führt zu Magen-Darm-Störungen.

7. Keine gewürzten Speisen wie Wurst- oder Essensreste verfüttern. Gewürze können beim Hund zu Nierenschäden führen.

8. Süßigkeiten schaden den Zähnen und führen zu Übergewicht. Deshalb nichts Süßes anbieten.

9. Milch verursacht durch den enthaltenen Milchzucker Durchfall.

allem Zahnsteinbildung vorgebeugt. Grundsätzlich sollte Ihr Retriever zumindest einmal täglich harte Hundebisquits oder Hundekuchen, kleine Kauknochen aus Büffelhaut, Ochsenziemer oder Kuhhufe als Extra zur normalen Fütterung bekommen.
Einem schlanken, lebhaften Retriever können Sie solche Leckerlis unbesorgt auch öfters am Tag zwischen den Mahlzeiten geben. Hunde, die zum Dickwerden neigen, bekommen kalorienreduzierte Hundekuchen.
Hinweis: Rohe oder gekochte Knochen verursachen Verstopfung. Bei rohen Knochen besteht außerdem die Gefahr der Krankheitsübertragung. Vor allem rohes Schweinefleisch kann Viren der für den Hund tödlich verlaufenden Aujeszkyschen Krankheit übertragen. Geflügelknochen splittern.
Achtung: Große Büffelhautknochen, werden, wenn sie durchgekaut sind, zu glibbrigen Platten von etwa 10 x 10 cm. Ein Retriever kann sie versehentlich ganz schlucken. Es besteht die Gefahr, daß er erstickt oder einen Magen-Darm-Verschluß bekommt.
Geben Sie deshalb besser kleine Kauknochen.

Trinken ist wichtig
Das richtige Getränk für Ihren Retriever ist Wasser. Es muß immer frisch sein und sollte jederzeit für den Hund am gleichen Platz bereitstehen. Milch wird vom erwachsenen Hund meist nicht vertragen, denn der Milchzucker verursacht Durchfall.
Lediglich Welpen benötigen für ihre Entwicklung in den ersten 8 Wochen eine spezielle Welpenmilch (im Zoofachhandel erhältlich).
Mein Tip: Bei tragenden Hündinnen kommt es hin und wieder zu einer Verstopfung. Etwas Milch bewirkt, daß der Kot wieder weicher wird.

Probleme beim Füttern
Der Hund frißt sein Futter nicht auf: Nehmen Sie ihm das Futter weg und verringern Sie beim nächsten Mal die Ration ein wenig. Futter – vor allem Dosenfutter – sollte nie länger als 30 Minuten draußen stehen, sonst wird es schlecht und der Hund kann eine Magen-Darm-Störung bekommen.

Wenn Sie sich nicht sicher sind, ob Ihr Welpe genügend frißt, sollten Sie ihn regelmäßig wiegen.

Ihr Retriever ist ein schlechter Fresser: Auffallend ist, daß besonders Rüden im ersten Lebensjahr wenig fressen. Bieten Sie in diesem Fall dem Hund immer wieder Futter während des Tages an. Vielleicht behagt ihm aber auch der von Ihnen vorgegebene Rhythmus nicht, und bei Umstellung der Futterzeiten ist das Problem gelöst (aber denken Sie daran, vor Ruhephasen zu füttern). Eine andere Möglichkeit ist, daß er einfach das gewohnte Futter nicht mehr mag. Experten behaupten zwar, Hunde hätten keine eigentlichen Präferenzen, aber das stimmt meiner Meinung nach nicht. Wenn sie lange Zeit ausschließlich dasselbe Fertigfutter bekommen, kann es sein, daß sie es nicht mehr mögen. Füttern Sie dann abwechslungsreicher.

Gesundheitsvorsorge und Krankheiten

Optimale Haltungsbedingungen, gute Pflege, gesunde Ernährung und liebevolle Zuwendung schaffen die besten Voraussetzungen, um Ihren Retriever gesund zu erhalten. Zudem gibt es heute die Möglichkeit der Krankheitsvorsorge durch Impfungen gegen die gefährlichsten Infektionskrankheiten. Falls dennoch einmal Krankheitsanzeichen bei Ihrem Retriever auftreten, sollten Sie sofort mit ihm einen Tierarzt aufsuchen.

Dieser Labrador-Welpe scheint sich nicht ganz wohl zu fühlen. Vielleicht hat er zu hastig gefressen.

Impfungen

Staupe, Tollwut, Hepatitis, Parvovirose und Leptospirose können tödlich enden, wenn Ihr Hund nicht rechtzeitig gegen diese gefährlichen virus- bzw. bakteriell bedingten Infektionskrankheiten geimpft wurde. Durch die Impfung wird eine Ansteckung mit den Krankheitserregern verhindert. Lückenlosen Schutz bieten Impfungen aber nur, wenn sie regelmäßig erneuert werden (→ Impfplan, Seite 53). Der Züchter hat in der Regel bereits eine Grundimmunisierung bei Ihrem Welpen durchführen lassen. Im Impfpaß sind sowohl alle Impfungen, als auch die Nachimpftermine eingetragen.

Vor der Impfung muß der Welpe entwurmt werden (→ rechts).

Mein Tip: Ich lasse unsere Welpen im Alter von etwa 8 Wochen zusätzlich mit einem »Paramunitätsinducer« spritzen. Diese Injektion schützt nicht spezifisch gegen eine bestimmte Krankheit, sondern stärkt das Immunsystem allgemein. Die Tiere haben generell mehr Abwehrstoffe und sind weniger krankheitsanfällig.

Achtung: Tollwut und Leptospirose sind auch auf den Menschen übertragbar (→ Wichtige Hinweise, Seite 63).

Entwurmen

Hunde können von Würmern wie z. B. Spul- und Bandwürmern befallen werden. Sie schwächen nicht nur den Organismus des Tieres, sondern haben manchmal sogar Entwicklungsstörungen zur Folge. Das erste Mal wird der Welpe spätestens im Alter von 3 Wochen entwurmt, dann mit $4^1/_2$, mit 6 und mit $7^1/_2$ Wochen. Fragen Sie den Züchter danach. Über weitere Entwurmungstermine sollten Sie unmittelbar, nachdem Sie den Welpen abgeholt haben, mit dem Tierarzt sprechen.

Tabletten oder Pasten zum Entwurmen bekommen Sie beim Tierarzt oder gegen Rezept in der Apotheke (Gebrauchsanleitung genau beachten!).

Achtung: Würmer sind auch auf Menschen übertragbar (→ Wichtige Hinweise, Seite 63). Deshalb den Hund regelmäßig entwurmen lassen.

Krankheiten schnell erkennen

Je früher man eine Krankheit erkennt, desto besser sind die Heilungschancen. Die folgende Checkliste soll Ihnen helfen, Krankheitsanzeichen schnell zu erkennen.

- Wirkt Ihr Hund matt und apathisch oder verkriecht er sich?
- Jammert er ohne ersichtlichen Grund oder wenn Sie ihn anfassen?
- Niest, hustet, speichelt oder würgt Ihr Retriever?

Bewegung hält den Retriever gesund und fit bis ins hohe Alter. Hier ein Golden Retriever im Lauf.

- Hat der Hund erbrochen?
- Sind seine Augen trübe, die Nase trocken?
- Sind seine Schleimhäute (Augen, Zahnfleisch) blaß oder gerötet?
- Ist sein Fell stumpf und struppig?
- Kratzt er sich ununterbrochen, beißt sich ins Fell oder schüttelt den Kopf hin und her?
- Hat er keinen Appetit bzw. frißt er übermäßig viel?
- Trinkt er zu wenig bzw. mehr als sonst?
- Sind Kot und Urin normal?
- Hat er Fieber bzw. Untertemperatur (→ PRAXIS-Seite 50)?
- Humpelt oder lahmt Ihr Hund. Hat er Probleme beim Aufstehen?

Hinweis: Wenn Sie eines oder mehrere Anzeichen bei Ihrem Hund bemerken, gehen Sie sofort mit ihm zum Tierarzt.

PRAXIS
Erste Hilfe

Es gibt Notfallsituationen wie zum Beispiel einen Unfall Ihres Hundes oder Anzeichen eines Hitzschlages, bei denen Erste-Hilfe-Maßnahmen lebensrettend sein können.
Wichtig ist es auch, daß man Handgriffe wie das Fiebermessen oder Medikamente eingeben beherrscht.

Fieber messen
Zeichnung 1
Die normale Körpertemperatur eines erwachsenen Retrievers liegt um 38,5 Grad. Bei Aufregung, Anstrengung oder Hitze kann die Temperatur bis auf 39 Grad ansteigen.
Generell kann man sagen: Ab 39 Grad hat der Hund Fieber, bei einem Wert von unter 38 Grad dagegen Untertemperatur. Messen Sie die Temperatur mit Hilfe eines eingefetteten Digitalthermometers im After des Hundes. Dabei sollte eine Person den Hund festhalten, ihn streicheln und ihm liebevoll zureden, während die andere die Rute des Hunde hochhält und das Thermometer etwa 3 cm in den After einführt.
Thermometer während der Messung gut festhalten, damit es der Hund nicht herauspressen kann.
Hinweis: Bei trächtigen Hündinnen sinkt kurz vor der Geburt die Temperatur bis auf 37 Grad ab. Das ist in der Regel völlig normal (→ Retriever züchten, Seite 54).

Medikamente verabreichen
Zeichnungen 2, 3 und 4
Tabletten können Sie Ihrem Liebling direkt ins Maul geben. Öffnen Sie seinen Fang, indem Sie leicht die Lefzen gegen die Backenzähne pressen. Tablette mit der anderen Hand weit nach hinten auf die Zungenmitte legen. Fang schließen und einen Moment zuhalten. Kopf des Hundes dabei leicht nach oben heben und Kehle sanft massieren. So wird ein Schluckreflex ausgelöst, und weg ist die Pille.
Flüssige Medikamente verabreicht man, indem man die Medizin in einer Einmalspritze ohne Nadel aufzieht, den Kopf des Hundes nach oben hält und dann seitlich zwischen Mundwinkel und Backenzähnen die Flüssigkeit in kleinen Dosen einspritzt.
Geben Sie Ihrem Hund nach jeder Dosis Zeit zum Schlucken, dabei Fang schließen und Kehle reiben, damit der Schluckreflex ausgelöst wird.
Augensalbe als »Strang« unter das obere Lid legen, dabei Lid leicht anheben.
Augentropfen werden ins untere Lid geträufelt, dabei Lid leicht nach unten ziehen.
Ohrentropfen einträufeln, indem Sie den Kopf des Hundes schräg halten. Danach Ohr etwas massieren und überschüssiges Medikament abwischen.

Erste Hilfe bei Verletzungen
Pfotenverletzungen: Oft liegen Glassplitter oder scharfkantige Gegenstände im Gras oder auch im Wasser. Schnell kann sich da Ihr Hund einen Schnitt im Zehen- oder Hauptballen zuziehen. Seichtere Schnitte, die nur die oberste Schicht des Ballens etwas abgeschält haben, können Sie selbst versorgen. Tiefere stark blutende Schnitte müssen vom Tierarzt versorgt werden (unter anderem, wenn eine Sehne verletzt wurde).
Schneiden Sie die Haare im Wundbereich ab und desinfizieren Sie kleine Schnittwunden mit 3%igem Wasserstoffsuperoxyd. Wundsalbe aus der Apotheke oder vom Tierarzt auftragen und eine sterile Wundkompresse auf-

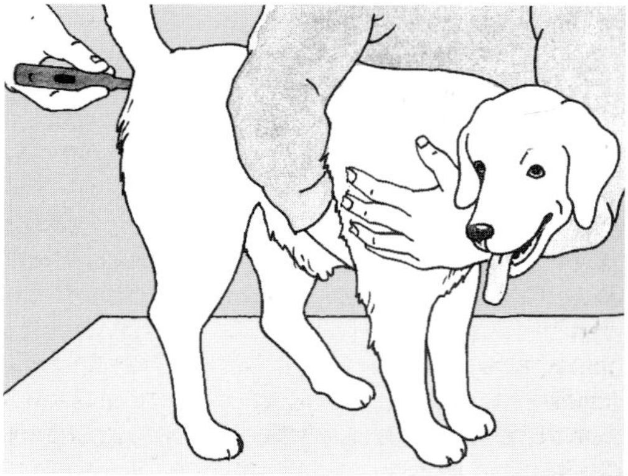

1 | Fieber mißt man beim Retriever am besten zu zweit. Eine Person hält den Hund fest, während die andere seine Rute hochhält und das Thermometer einführt.

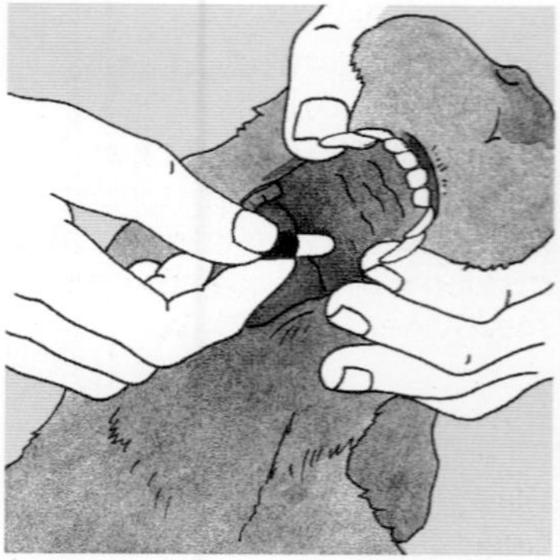

2| *Tablette hinten auf die Zunge des Hundes legen.*

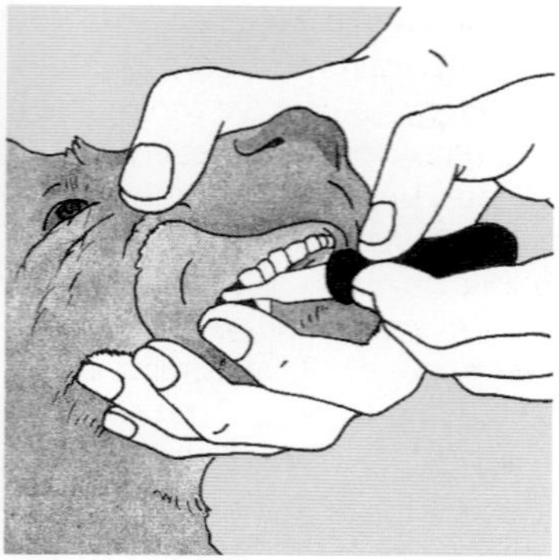

3| *Flüssige Medikamente seitlich ins Maul geben.*

legen. Zwischen die Zehen Mullstreifen als Polsterung stecken, damit sich der Hund nicht zwischen den Zehen wund läuft. Für den Verband selbst verwenden Sie am besten elastische Mullbinden, die Sie aber nicht zu fest anlegen dürfen. Der Verband sollte dann mit einem Klebepflaster stabilisiert werden. Beim Tierarzt oder im Zoofachhandel erhalten Sie als zusätzlichen Schutz Socken oder Stiefelchen in verschiedenen Größen.

Ohrverletzungen: Vor allem bei Beißereien kann es zu stark blutenden Verletzungen am Ohr kommen. Den Hund sofort zum Tierarzt bringen. Als Soforthilfe eine dicke Mullkompresse auf den blutenden Ohrlappen drücken, Ohr nach oben auf den Kopf klappen und mit einer Mullbinde fixieren.

Mein Tip: Hat Ihr Hund Bißwunden davongetragen, sollten Sie immer zum Tierarzt gehen! Oft scheint das Fell nur ein wenig naß zu sein und erst später entdeckt man die Wunde, wenn sie bereits infiziert ist, und sich unter der zugeklebten Oberfläche ein Abszeß gebildet hat.

Notfallsituationen

Magendrehung: Dazu kann es kommen, wenn Ihr Hund zuviel gefressen hat und sich unmittelbar danach im Liegen wälzt oder hochspringt.

Die Symptome sind: Speicheln, Würgen, Unruhe, aufgeblähter Bauch, Versuche zu erbrechen, Atemnot. Den Hund sofort zum Tierarzt bringen, sonst stirbt er an Kreislaufversagen.

Hitzschlag: Retriever sind sehr hitzeempfindlich (→ Gefahren, Seite 32). Symptome eines Hitzschlages sind: Extremes Speicheln, unkoordinierte Bewegungen, Oberkopf fühlt sich heiß an, der Hund taumelt. Bringen Sie den Hund sofort in den Schatten und kühlen Sie seinen Körper mit Wasser ab. Zuerst an den Beinen, dann am Körper und zuletzt am Kopf. Wenn möglich, während des Transports zum Tierarzt einen Eisbeutel auf den Kopf des Tieres legen. Den Hund vor Zugluft schützen, wenn er noch naß ist.

Insektenstich: Hunde versuchen oft Insekten zu fangen und werden dabei gestochen. Stiche am Körper oder an den Pfoten können Sie selbst behandeln. Wenn Sie den Stachel finden, ziehen Sie ihn heraus und reiben die Haut mit einer Salbe gegen Insektenstiche ein. Ist der Hund in den Fang oder in den Hals gestochen worden – Hunde schnappen oft nach Insekten und schlucken sie dann –, bringen Sie ihn besser zum Tierarzt. Möglicherweise droht Erstickungsgefahr. Gelegentlich kommen auch allergi-

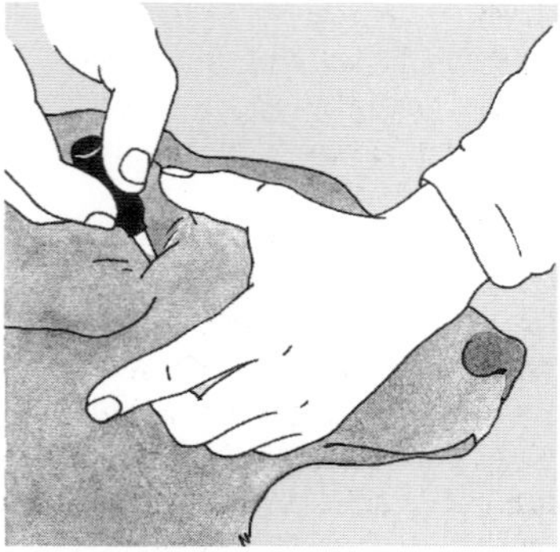

4| *Ohrentropfen einträufeln und danach den Ohransatz massieren.*

sche Reaktionen auf Insektenstiche vor, die zu einem Schockzustand führen können. Sofort zum Tierarzt.

Schock: Symptome sind: Blasses Zahnfleisch, stark erhöhter Puls und rasche Atmung, gelegentliches Erbrechen. Den Hund so schnell wie möglich zum Tierarzt bringen.

Ein Retriever apportiert fast alles, auch ein Körbchen mit Brötchen und der Zeitung.

Erblich bedingte Krankheiten
Obwohl die Zucht in den exponierten Retriever-Vereinen sehr streng kontrolliert wird, sind immer noch viele Retriever für bestimmte Krankheiten anfällig. Ein Grund dafür ist die zum Teil begrenzte Zuchtbasis, die zwangsläufig zu Inzuchtproblemen führt. Hinzu kommt, daß manche »Erbkrankheiten« über Generationen hinweg nicht zum Ausbruch kommen und plötzlich wieder auftreten. Retriever, bei denen man folgende Krankheiten rechtzeitig diagnostiziert, sind von der Zucht ausgeschlossen.
Hüftgelenksdysplasie (HD): Auch Retriever können unter einer krankhaften Veränderungen des Hüftgelenks leiden. Im fortgeschrittenen Stadium kann HD zu Lahmheit führen. Die Veranlagung zu HD ist erblich bedingt, aber es spielen auch Aufzucht- bzw. Ernährungsbedingungen eine Rolle.
HD kommt bei allen Retrieverrassen vor, ist aber bei den Flat coated, Curly coated und Duck Tollern nicht so verbreitet.
Ellenbogendysplasie (ED), Osteochondrosen: Die normale Entwicklung der Gelenksknorpel in Schulter, Ellbogen, aber auch Knie und Sprunggelenk kann gestört sein. Die Folge davon sind bei der ED Lahmheit einer oder beider Vorderläufe. Bei Osteochondrosen treten Schmerzen und Lahmheit in Schulter, Ellbogen, Knie und Sprunggelenk auf. Begünstigt werden die Krankheiten durch Überfütterung und Überbelastung der Gliedmaßen infolge von Fehlstellungen. Hauptsächlich betroffen sind zur Zeit Golden und Labrador Retriever.
Kniescheiben-Luxation (Patellar-Luxation): Die Stellung der Hinterläufe ist nicht korrekt, oder die Bänder, die die Kniescheibe stützen, sind zu schlaff. Der Hund winkelt häufig das betroffene

Hinterbein an und kann nicht mehr auftreten. Die Krankheit kommt fast nur bei den Flat coated vor.
Progressive Retina Atrophie (PRA): Dies ist eine erblich bedingte Erkrankung der Netzhaut, die mit der Zeit zur Erblindung führen kann. Symptome sind anfangs Nachtblindheit, Verschlechterung der Sehkraft am Tage und weite Pupillen. Leider kann PRA oft erst bei 4 bis 5 Jahre alten Hunden diagnostiziert werden. Die Krankheit kommt bei allen Retrieverrassen vor, ist bei den Flat coated Retrievern jedoch selten.
Überzählige Augenwimpern: Überzählige Augenwimpern können vom Lidrand ins Auge sticheln. In der Regel müssen die Wimpern operativ entfernt oder verödet werden. Das Problem tritt überwiegend bei den Flat coated auf.
Grauer Star, Linsenkatarakt: Damit bezeichnet man eine milchigweiße Trübung der Linse. Die Krankheit ist vorwiegend erblich bedingt, aber kann auch in Folge von Diabetes und Augenverletzungen auftreten.
Grauer Star kommt bei allen Retrieverrassen vor, ist jedoch bei den Flat coated Retrievern extrem selten.
Erkrankungen der Augenlider: Als Entropium wird ein Augenlid bezeichnet, das sich einrollt. Dabei irritieren die Wimpern die Hornhaut und verursachen Schädigungen. Ektropium ist ein ausgestülptes lose hängendes Unterlid. Dort kann sich Schmutz sammeln und zu Entzündungen führen. Eine operative Korrektur ist möglich. Diese Erbanlage kann bei allen Retrieverrassen vorkommen.
Fallsucht, Epilepsie: Meist tritt der Anfall bei Hunden im Schlaf- oder Ruhezustand auf. Sie verlieren dabei manchmal für kurze Zeit das Bewußtsein,.und die Blase entleert sich gelegentlich. Epilepsie kann erblich bedingt, aber auch durch Entzündungen und Verletzungen verursacht sein. Häufiger als bisher angenommen, liegt bei den Retrieverrassen eine vererbbare Epilepsie vor.

Impfplan gegen die gefährlichsten Infektionskrankheiten

	Grundimmunisierung Lebenswoche						Auffrischungsimpfung	
	6.	8.	10.	12.	14.	16.*	1. Auffrischung	alle weiteren
Parvovirose	x	–	x	–	x	–	1 Jahr	jährlich
Staupe	–	x	–	x	–	x	1 Jahr	jährlich
Hepatitis	–	x	–	x	–	x	1 Jahr	jährlich
Leptospirose	–	x	–	x	–	x	1 Jahr	jährlich
Tollwut	–	–	–	x	–	–	1 Jahr	jährlich
Zwingerhusten	–	x	–	x	–	x	1 Jahr	jährlich

* Diese Impfungen sind vor allem in Großstädten erforderlich. Fragen Sie Ihren Tierarzt.
Wichtig: Impfungen werden nicht sofort wirksam. Der Impfschutz tritt nach etwa 1 bis 2 Wochen ein.

Retriever züchten

Die Zucht von Rassehunden erfordert vom Züchter sehr viel Sachverstand. Miteinander gepaart werden sollten nur Retriever, die vom Wesen her einwandfrei sind und keine erblich bedingten Krankheiten haben.

Voraussetzungen für die Zucht
Bei der Zucht von Rassehunden kommt es darauf an, rassetypische, gesunde, wesenssichere und leistungsfähige Hunde hervorzubringen, sowie alle positiven Merkmale und Eigenschaften der Rasse zu erhalten.
Die dem VDH angeschlossenen Retrieververeine, beispielsweise der Deutsche Retriever Club (DRC → Adressen, Seite 62), stellen hohe Anforderungen an Zuchthunde und auch an den Züchter. Für die Flat coated Retriever z. B. gilt:

- Angehende Zuchthunde müssen von Spezial-Zuchtrichtern mindestens die Formwertnote »Sehr gut« erhalten haben.
- Ein Hüftgelenksdysplasie-Befund (HD → Seite 52) bestätigt, daß der Hund HD-frei ist bzw. maximal eine leichte HD hat. Im letzteren Fall wird verlangt, daß der Zuchtpartner HD-frei ist. Weiterhin müssen eine Augenuntersuchungsbescheinigung vorliegen, sowie ein Wesenstest und die Begleithundeprüfung (→ PRAXIS-Seite 42/43) bestanden worden sein .
- Mindestens ein Hund aus der angestrebten Paarung muß eine jagdliche Leistungsprüfung bestanden haben.
- Rüden dürfen frühestens mit 15 Monaten, Hündinnen mit 24 Monaten zur Zucht eingesetzt werden. Innerhalb von 24 Monaten darf eine Hündin maximal 2 Würfe aufziehen, bis zum Ausscheiden aus der Zucht mit 8 Jahren jedoch höchstens 3 Würfe.
- Sie, als Züchter, müssen über den Verein einen Internationalen Zwingerschutz und somit die Eintragung eines Zwingernamens beantragen.
- Der VDH schreibt vor Erteilung des Zwingerschutzes eine Zwingerkontrolle durch den Verein vor.

Der Deckrüde
Beraten Sie sich mit dem Zuchtwart Ihres Vereins oder dem Züchter Ihres Retrievers, welcher Deckrüde für Ihre Hündin in Frage kommen könnte. Wenn Sie den passenden Rüden gefunden haben, sich mit dessen Besitzer einig geworden sind und die Deckgebühr ausgehandelt haben, steht dem Decktermin nichts mehr im Wege. Normalerweise wird die Hündin zum Rüden gebracht und nicht umgekehrt.
Mein Tip: Bevor Sie zum Decken fahren, sollten Sie Ihre Hündin mit einem Paramunitätsinducer spritzen lassen (→ Seite 48).

Die Läufigkeit
Der Sexualzyklus einer Hündin verläuft in 4 Phasen.
Die Vorbrunst dauert etwa 10 Tage. Die Vulva schwillt an, und die Hündin blutet. Sie läßt sich jedoch noch nicht decken, sondern beißt den Rüden ab. Die Brunst tritt schließlich ein und die Vulva wird weicher, die Blutung heller und wäßriger. Die Hündin zeigt ihre Paarungsbereitschaft an, indem sie die Rute zur Seite nimmt, wenn man sie krault. Diese Phase dauert einige Tage – wann genau der richtige Zeitpunkt zum Decken ist, läßt sich zum Beispiel durch einen Scheidenabstrich, den der Tierarzt vornimmt, feststellen. Als Faustregel kann der 10. – 16. Tag für Ihre Paa-

rungsbereitschaft angenommen werden. Während dieser Zeit sollten Sie mit der Hündin zum Deckrüden fahren (→ links).
Die Rückbildungsphase wird damit eingeleitet, daß die Vulva kleiner wird, der Ausfluß aufhört und die Hündin wieder ruhiger wird. Sie beißt den Rüden ab, wenn er sich ihr nähert.
Die Ruhepause zwischen der Läufigkeit kann bei Retrieverhündinnen 6 bis 8 Monate dauern, aber auch Zeiträume von 12 Monaten sind normal.

Die Paarung

Sie kann zwischen 10 Minuten und sogar einer Stunde dauern. Während des Deckaktes schwellen beim Rüden der Penis und die Schwellkörper an der Peniswurzel an, gleichzeitig verengt sich der Vaginalring der Hündin und die Hunde »hängen«. Jetzt kann man sie nicht trennen, ohne beiden schwerwiegende Verletzungen zuzufügen.

Die Trächtigkeit

Die Tragezeit der Hündin beträgt 63 Tage. Trächtigkeitsdauern zwischen 58 (vom 1. Decktag an) und 65 Tagen (vom letzten Decktag an) sind normal, wenn sich die Hündin unverändert verhält und ihre Temperatur nicht über 39 °C ansteigt.
Während der ersten Trächtigkeitswochen darf sich Ihre Retrieverhündin normal bewegen, sollte aber nicht in kaltem Wasser schwimmen (Winter), jagdlich schwer arbeiten oder apportieren müssen. Fahrradtraining oder hohe Sprünge sind ebenfalls tabu.
Ab der 5.Trächtigkeitswoche bekommt die Hündin energiereicheres Futter (→ Ernährung, Seite 45) und zusätzliche Vitamine und Mineralstoffe. Bieten Sie ihr reichlich Flüssigkeit an wie Brühe oder schon ab und zu etwas Welpenaufzuchtmilch (→ Seite 57).

Die Geburt

Rechtzeitig zum Geburtstermin sollte die Wurfkiste bereitstehen.
Wurfkiste: Eine Wurfkiste von etwa 120 x 120 cm ist groß genug, um einen durchschnittlichen Wurf von 8 Welpen aufzunehmen (aber auch 10 bis 12 Welpen sind keine Seltenheit).
Legen Sie eine dicke Lage Zeitungen in die Wurfbox, darüber alte Biberbetttücher. Wenn die Geburt vorüber ist, nehmen Sie die Bettücher weg, wechseln die alten Zeitungen aus und legen ein Vetbed darauf (→ Seite 26).
Bei der Geburt liegt die Hündin oft lang ausgestreckt, mit dem Kopf zwischen den Vorderbeinen in der Wurfkiste. Sie ist unruhig und beginnt in der Wurfkiste die Zeitungen kaputt zu reißen und zu scharren. Mehr oder weniger starkes Hecheln und leichtes Zittern des Körpers sind Anzeichen der Eröffnungswehen, die bei Erstgebärenden bis zu 36 Stunden andauern können. Lassen Sie Ihre Hündin ab jetzt nicht mehr allein, auch nachts nicht. Ihre Hündin hat schleimi-

Die Mutterhündin kann ihre Kleinen in den ersten drei bis vier Wochen mit ausreichend Milch versorgen. Dann müssen Sie zufüttern.

gen Ausfluß, sieht nach hinten, versucht die Vulva zu lecken, und beginnt zu pressen wie beim Kotabsatz. Nun hat sie die erste Preßwehe. Sie wühlt und zerreißt Zeitungen, während weitere Preßwehen folgen. Kurz danach erscheint ein Welpe mit dem Kopf oder Hinterteil zuerst. Er ist von der Fruchthülle und der ringförmigen Plazenta umgeben. Die Hündin befreit das Kleine von der Fruchthülle und frißt sowohl Fruchthülle als auch Plazenta auf. Dabei beißt sie die Nabelschnur durch. Danach leckt sie den Welpen mit der Zunge ab, um so seinen Kreislauf anzuregen.
Normale Zeitabstände zwischen der Geburt der Welpen sind 10 – 45 Minuten. Preßt die Hündin über einen längeren Zeitraum erfolglos, Tierarzt rufen.
Bei sehr großen Würfen kommt es häufig vor, daß die Preßwehen nachlassen und eine Pause bis zur Geburt des nächsten Welpen von 1 bis 2 Stunden eintritt. Bieten Sie währenddessen der Hündin Wasser mit gelöstem Traubenzucker an, um sie zu stärken, und gehen Sie mit ihr (angeleint) in den Garten, damit sie sich ein wenig bewegen kann.

So regt die Labrador-Hündin die Verdauung des Kleinen an.

Komplikationen bei der Geburt: Manchmal ist die Hündin so von der Geburt geschwächt oder noch unsicher, daß sie das Kleine nicht aus der Fruchthülle befreit und abnabelt. Dann müssen Sie eingreifen. Reißen Sie die Fruchthülle am Kopf des Welpen auf, damit er schnell Luft bekommt und atmen kann.
Nabeln Sie den Welpen ab, indem Sie die Nabelschnur zum Welpen hin massieren und mit dem Daumennagel abquetschen. Wenn Sie dies nicht schaffen, binden Sie sie mit Nähgarn oder sterilem Material vom Tierarzt ab und schneiden dann die Nabelschnur etwa 2 cm über dem Bauch des Welpen durch. Dann das Kleine mit einem Handtuch kräftig abfrottieren, bis es schreit. Schließlich brauchen Sie den Welpen nur noch an die Zitzen der Mutter zu legen.
Mein Tip: Atmet der Welpe nicht, nachdem Sie die Fruchthülle entfernt haben, lassen Sie ihm kaltes Wasser über den Hinterkopf laufen, bis er schreit. Danach gut trockenreiben und gegebenenfalls mit dem Fön erwärmen.
Nach der Geburt notieren Sie die Geburtszeit und das Gewicht jedes einzelnen Welpen. Am nächsten Tag sollten Sie die Hündin vom Tierarzt untersuchen lassen, um sicherzustellen, daß kein Welpe mehr in der Gebärmutter verblieben ist.
Melden Sie die Geburt und Anzahl der Welpen dem Zuchtwart Ihres Vereins und dem Deckrüdenbesitzer.
Mein Tip: Hündin und Welpen unmittelbar nach der Geburt mit einem Paramunitätsinducer spritzen lassen (→ Seite 48).

Die Entwicklung der Welpen

Die Welpen kommen voll behaart und blind zur Welt.
Ihr Geburtsgewicht liegt – je nach Retrieverrasse – bei 350 bis 450 Gramm.

GU TIER-RATGEBER

Retriever-Haltung nach Maß

Der Retriever ist aufmerksam, ausdauernd, unerschrocken und hat ein sanftes Wesen – ein idealer Familienhund. GU Retriever-Expertin Brigitte Schneidermann erklärt genau, wie Sie ihn artgerecht halten: mit praktischen Ratschlägen für seine Pflege, Ernährung und Erziehung. Dazu ein ausführliches Spiel- und Fitneß-Programm. 45 Farbfotos und 35 Zeichnungen.

GU GRÄFE UND UNZER

Im Durchschnitt acht Welpen bringt eine Retriever-Hündin zur Welt.

Etwa ab den 12. Lebenstag öffnen sich Augen und Ohren, wenige Tage später beginnen sie die ersten Gehversuche.
Ab der 3. Woche brechen die Zähnchen durch (in dieser Zeit erhöhte Krankheitsgefahr). Lassen Sie eventuell dann nochmals einen Paramunitätsinducer vom Tierarzt spritzen (→ Seite 48).
Ab der 4. Woche krabbeln die Welpen aus der Wurfkiste. Es ist jetzt sehr wichtig, daß Sie sich intensiv mit den Kleinen beschäftigen. Bis zur 7. Woche sind die Welpen in der sogenannten Prägungsphase.
Wenn sie jetzt nicht genügend Kontakt zu Menschen haben, bleiben sie scheu und entwickeln kein normales Verhältnis zum Menschen.
Ab der 7. Woche beginnt die Sozialisierungsphase. Das heißt, sie üben soziale und andere Verhaltensweisen im Spiel mit ihren Geschwistern.

Hinweis: Etwa ab dem 3. Lebenstag sollten Sie eventuell vorhandene Wolfskrallen (→ Seite 22) an den Hinterbeinen entfernen lassen.

Ernährung der Welpen

Die ersten 3 bis 4 Wochen ernährt die Hündin ihre Jungen mit ihrer Milch. Geben Sie währenddessen der Hündin mindestens das Doppelte der normalen Futtermenge, natürlich hochwertiges Futter und zusätzlich Vitamin- und Mineralstoffe (→ Ernährung, Seite 44). Hinzufüttern müssen Sie ab der 3. Woche. Die Kleinen bekommen dann Welpenaufzuchtmilch, eventuell etwas Joghurt, Schabefleisch, Getreide- oder Gemüseflocken und Spezial-Vollnahrung für Welpen. Wenn Sie mit Fertigfutter füttern, brauchen die Welpen keine Extragaben von Vitaminen und Mineralstoffen. Sie sind bereits in der Fertignahrung enthalten.

Mit dem Retriever zur Ausstellung

Vielleicht haben Sie Spaß daran, Ihren prachtvollen Retriever auf einer Ausstellung der Öffentlichkeit vorzustellen. Um Erfahrung zu sammeln, sollten Sie Ihren Hund zunächst bei der regionalen Show eines Retriever-Clubs anmelden.

Es gibt mehrere Gründe dafür, seinen Hund auf einer Ausstellung zu zeigen. Zuchtergebnisse können verglichen und Kontakte zu anderen Züchtern und Liebhabern der Rasse geknüpft werden. Vielleicht gewinnt Ihr Hund sogar einen Titel.

Wo man Titel erringen kann

Die begehrtesten Titel winken auf Ausstellungen, die der Verein für das Deutsche Hundewesen (VDH) oder weltweit die »Federation Cynologique Internationale« (FCI) ausrichten. Doch um Ausstellungserfahrung zu sammeln, empfiehlt es sich, Ihren Hund zuerst auf offenen oder sogenannten Pfosten-Shows der Retriever-Clubs und später auf deren Spezial-Zuchtschauen anzumelden.

Was muß Ihr Hund im Showring zeigen?

Auf der Ausstellung müssen Sie Ihren Hund vor den Spezialrichtern, die den Hund beurteilen, präsentieren. Verlangt wird, daß der Hund ruhig steht und sich nicht hinsetzt. Er darf dabei nicht lustlos wirken, sondern sollte retrievertypisch freudig mit dem Schwanz wedeln. Er muß es sich gefallen lassen, daß er überall angefaßt wird, z. B. seine Zähne problemlos geprüft werden können. Er muß neben Ihnen gehen, ohne dabei hochzuspringen oder an der Leine zu zerren. Dies alles will geübt sein, bevor Sie mit ihm an einer Show teilnehmen. Vereinsmitglieder, die schon Show-Profis sind, werden Sie und Ihren Hund sicher gerne anleiten.

Das dürfen Sie zur Ausstellung nicht vergessen

Gegenstände wie Futter- und Freßnapf, normale Leine, Vorführleine, Kamm, Bürste, Fensterleder, Liegematte für den Hund, Handtücher.
Futter, Wasser und Hundebisquits zum Vorführen im Showring.
Unterlagen wie Impfpaß, Kopie der Ahnentafel, Kopie von bereits errungenen Titeln und Leistungsprüfungen und die Meldebestätigung.

Formwertnoten

Jeder ausgestellte Hund wird von einem Spezialrichter beurteilt und bekommt eine Formwertnote.
»Vorzüglich« erhalten Hunde, die dem Ideal des Standards (→ Seiten 8 bis 19) sehr nahe kommen.
»Sehr gut« wird an Hunde vergeben, die alle Vorzüge der Rasse haben, sich aber nicht so gut vorführen lassen.
»Gut« erhält ein Hund, der zwar die Hauptmerkmale der Rasse besitzt, aber Fehler aufweist.
»Genügend« bekommt der Hund, der seinem Rassetyp nur unzureichend entspricht.

Klasseneinteilung

Die einzelnen Klassen, in denen Sie Ihre Hündin oder Ihren Rüden einschreiben können, sind:

- Jüngstenklasse: 6 bis 9 Monate
- Jugendklasse: 9 bis 18 Monate (bei clubinternen Shows bis 24 Monate)
- Gebrauchshundeklasse: Ab 15 Monate. Der Hunde müssen ihre jagdlichen Eigenschaften durch Bestehen einer

vom JGHV (Jagdhundeverein) anerkannten Leistungsprüfung oder – bei ausländischen Hunden – eines Field Trials bewiesen haben (→ Seite 22). Auf clubinternen Shows können auch Rettungs-, Lawinensuchhunde, Sprengstoff- oder Drogenspürhunde in der Gebrauchshundeklasse starten.

- Siegerklasse: Hunde mit Champion- oder Siegertiteln.
- Offene Klasse: Hunde ab 15 Monate.
- Veteranen-Klasse: Hunde ab 7 Jahre.
- Ehrenklasse: Hunde, die hier antreten, müssen den Titel »Internationaler Champion« erworben haben.

Richtig getrimmt zur Ausstellung

Ein Ausstellungshund muß korrekt getrimmt sein. Lassen Sie sich von dem Züchter Ihres Retrievers das Nachschneiden des Fells zeigen. Getrimmt wird immer etwa zwei Wochen vor einer Ausstellung.

Golden, Flat coated und Duck Tolling Retriever trimmt man auf die gleiche Art (→ Zeichnung, oben). Nach gründlichem Bürsten und Kämmen das lange, flusige Fell an den Ohren kürzen. An Brust und Halskrause vorsichtig das zu lange Fell mit einer Effilierschere entfernen.

Die Haare zwischen den Zehen an allen vier Pfoten nach oben streichen, so daß die Haare senkrecht hoch stehen. Was übersteht, wird abgeschnitten. Denken Sie daran – Retriever haben Schwimmhäute zwischen den Zehen, niemals mit der Schere Richtung Haut arbeiten – immer weg vom Fell nach außen. Die Schere stets von unten nach oben und weg vom Hund ansetzen.

Die Rute wird beim Golden etwa 2 bis 3 cm hinter dem letzten Schwanzwirbel gekürzt und dann im Bogen Richtung Hinterlauf rund geschnitten (mit der normalen Schere). Beim Flatcoat gilt dasselbe, aber man benützt ausschließlich die Effilierschere (→ Zeichnung, Seite 34) dazu. Die Haare an der Rückseite der Vorderläufe bis zum Carpalgelenk (kleiner Ballen innen oberhalb der Pfote) mit einer Schere, deren Spitzen abgerundet sind, kürzen. An den Hinterläufen wird das lange Haar bis zum Sprunggelenk abgeschnitten. Aber trimmen Sie niemals die Befederung an den Vorderläufen, die Hosen an den Hinterläufen oder die Bauchhaare.

Bei den Labrador und Chesapeake Bay Retrievern wird die Rutenspitze mit der Schere ein wenig rund getrimmt. Die Halskrause nur effilieren, wenn sie sehr voluminös ist. Reiben Sie Ihren Labrador oder Chessie vor der Show noch einmal mit einem feuchten Fensterleder ab.

Bei den Curly coated Retrievern werden zu lange Locken an den Ohren und an der Rute vorsichtig zurückgeschnitten. An der Außenlinie des Körpers einzelne störende Locken abschneiden. Niemals in die Locken schneiden. Man besprüht den Hund vor der Show mit Wasser und knetet mit den Fingern das Fell gut durch, dabei lösen sich lose Haare.

Golden, Flat coated und Duck Tolling Retriever werden gleichermaßen getrimmt. Das Fell vorsichtig an Ohren, Brust, Rutenunterseite, an den Rückseiten der Vorder- und Hinterläufe sowie zwischen den Zehen kürzen.

Sachregister

Die **halbfett** gesetzten Seitenzahlen verweisen auf Farbfotos und Zeichnungen. U = Umschlagseite.

Adressen

Verbände und Vereine

Verband für das Deutsche Hundewesen (VDH), Postfach 10 41 54, D-44041 Dortmund

Fédération Cynologique Internationale (FCI), 13, Place Albert I, B-6530 Thuin / Belgien

Alle Retrieverrassen: Deutscher Retriever Club e.V. (DRC), Margitta Becker, Dörnhagener Str. 13, D-34302 Guxhagen

Labrador Retriever Club Deutschland e.V. (LCD), Geschäftsstelle: Karin Willkomm, Auf der Heide 1, D-41462 Neuss

Golden Retriever Club e.V., Geschäftsstelle: Erhard Koch, Kolpingstr. 22, D-48324 Sendenhorst

Österreichischer Retriever-Club, Geschäftsstelle: Monika Milota, A-1140 Wien, Wahlberggasse 9

Retriever Club Schweiz (RCS), Geschäftsstelle: Jacques Ditesheim, Schwarztorstr. 7, Ch-3001 Bern

Haftpflichtversicherung

Fast alle Versicherungen bieten inzwischen auch Haftpflichtversicherungen für Hunde an.

Krankenversicherung für den Hund

Uelzener Allgemeine Versicherungsgesellschaft AG, Postfach 21 63, D-29525 Uelzen

Registrierung von Hunden

Haustier-Zentralregister für die BRD e.V. TASSO, Postfach 14 23, D-65783 Hattersheim. Wer seinen Hund vor Tierfängern und dem Tod im Versuchslabor schützen will, kann ihn hier registrieren lassen. Die Eintragung sowie die computergesteuerte Suche bei Vermißtenmeldung sind kostenlos.

Zeitschriften, die weiterhelfen

Unser Rassehund. Herausgeber: Verband für das Deutsche Hundewesen e.V. (VDH), Dortmund.

Das Tier. Hallwag Verlag, Brunnwiesenstr. 23, D-73760 Ostfildern

Bücher, die weiterhelfen

(falls nicht im Buchhandel, dann in Bibliotheken erhältlich)

Busch, Patricia: *Golden Retriever*. Kynos Verlag, Mürlenbach.
Fleig, Dr. D.: *Die Technik der Hundezucht*. Kynos Verlag, Mürlenbach.
Laughton, Nancy: *A Review of the Flat coated Retriever*. Pelham Books.
Meyer, Helmut: *Ernährung des Hundes.* Ulmer Verlag, Stuttgart.
Satterthwaite, Marjorie: *Labrador Retriever.* Kynos Verlag.
Schlegl-Kofler, Katharina: *Unser Welpe.* Gräfe und Unzer Verlag, München.
Schlegl-Kofler, Katharina: *Hunde-Erziehung mit Herz und Verstand.* Gräfe und Unzer Verlag, München.
Streitferdt, Uwe: *Mein kranker Hund*. Gräfe und Unzer Verlag, München.
Ting, Beate und Gereon: *Kleine Welpenschule für Retriever*. Romneys Verlag, Bad Münder.
Wild, Rosemarie: *Labrador Retriever*. Müller Verlag, Rüschlikon.
Wild, Rosemarie: *Flat coated Retriever*. Müller Verlag, Rüschlikon.
Wolters, Richard A.: *Neue Wege der Jagdhundeausbildung.* Kynos Verlag, Mürlenbach.

Der Welpe leckt die Mundwinkel seiner Mutter, um auf diese Weise Futter zu erbetteln. Bei erwachsenen Hunden ist das Mundwinkellecken ein Begrüßungsritual.

Die Autorin
Brigitte Schneidermann hält und züchtet seit vielen Jahren Flat coated Retriever. Von 1984–90 war sie Zuchtwartin des Deutschen Retriever Clubs e.V. für Flat coated, Curly coated-, Chesapeake Bay und Nova Scotia Duck Tolling Retriever. Zusammen mit ihrem Ehemann, einem Zoo-Tierpfleger, kann sie auch viele Aufzuchterfolge mit heikelsten katzen- und hundeartigen Wildtieren aufweisen.

Die Fotografin
Monika Wegler, Berufsfotografin, Journalistin, Tierbuch-Autorin. Schwerpunkt ihrer Arbeit waren in den letzten Jahren Tierporträts sowie Verhaltens- und Bewegungsstudien von Hunden und Katzen.

Die Fotos auf dem Buchumschlag
Umschlagvorderseite: Golden Retriever.
Umschlagrückseite: Flat coated Retriever.

Dank
Herzlich danken möchte ich allen Retriever-Züchtern und -Besitzern, die mitgeholfen haben, daß solch gute Fotos entstehen konnten.
Mein Dank gilt auch Gisela und Gerhard Keil für ihre Unterstützung und herzliche Gastfreundschaft. Karin für ihre Hilfe, sowie meinen Freunden Renate, Didi, Tuus und Henk für alle Tips und Anregungen.
Ganz besonderen Dank verdient Frau Gabriele Linke-Grün vom Redaktions-Team Gräfe und Unzer und mein Mann Hans Christoph für all die Geduld und Aufmunterung beim Entstehen des Manuskripts.
Autorin und Verlag bedanken sich auch bei Herrn Dr. Uwe Streitferdt für die Durchsicht der Kapitel »Gesunde Ernährung« sowie »Gesundheitsvorsorge und Krankheiten«.

Wichtige Hinweise

In diesem GU Ratgeber geht es um die Anschaffung und Haltung von Retrievern. Autor und Verlag halten es für wichtig, darauf hinzuweisen, daß sich die Haltungsregeln des Buches in erster Linie auf normal entwickelte Jungtiere aus guter Zucht beziehen, also auf gesunde, charakterlich einwandfreie Tiere.
Wer einen erwachsenen Hund zu sich nimmt, muß sich bewußt sein, daß dieser bereits wesentliche Prägungen durch den Menschen erfahren hat. Er sollte den Hund besonders genau beobachten, auch in seinem Verhalten zum Menschen; er sollte sich auch den bisherigen Besitzer ansehen. Ist der Hund aus einem Tierheim, so kann dieses über die Herkunft des Hundes und seine Eigenheiten eventuell Auskunft geben. Es gibt Hunde, die aufgrund schlechter Erfahrungen mit Menschen in ihrem Verhalten auffällig sind, vielleicht auch zum Beißen neigen. Diese Hunde sollten nur von erfahrenen Hundehaltern aufgenommen werden. Auch bei gut erzogenen und sorgfältig beaufsichtigten Hunden besteht die Möglichkeit, daß sie Schäden an fremdem Eigentum anrichten oder gar Unfälle verursachen. Ein ausreichender Versicherungsschutz liegt im Eigeninteresse; der Abschluß einer Hundehaftpflicht-Versicherung ist in jedem Fall dringend zu empfehlen.
Lassen Sie bei Ihrem Hund auch alle notwendigen Schutzimpfungen und Entwurmungen (→ Seite 48) ausführen, da sonst eine erhebliche gesundheitliche Gefährdung von Mensch und Tier möglich ist. Einige Krankheiten und Parasiten sind auf den Menschen übertragbar (→ Seite 48). Zeigen sich bei Ihrem Hund Krankheitsanzeichen, sollten Sie unbedingt einen Tierarzt zu Rate ziehen. Gehen Sie im Zweifelsfalle selbst zum Arzt und weisen Sie ihn auf die Hundehaltung hin.

Redaktion: Anita Zellner, Gabriele Linke-Grün
Zeichnungen: György Jankovics
Herstellung: Verena Römer
Umschlaggestaltung: Heinz Kraxenberger
Satz: Typodata
Reproduktion: Dörfel
Druck und Bindung: Stürtz

ISBN 3-7742-2177-4

Auflage 6. 5. 4. 3.
Jahr 99 98 97 96

Das Dummy ist ein Trainingsgerät, mit dem erlegtes Wild simuliert wird. Der Duck Tolling Retriever hatte die Aufgabe, das Dummy im Wasser zu finden und zu apportieren. Alle Retrieverrassen sind Wassernarren. Erlauben Sie Ihrem Hund jedoch niemals ohne Ihren ausdrücklichen Befehl in ein Gewässer zu springen. Zu groß sind die Verletzungsgefahren beispielsweise durch Gegenstände, die unter der Wasseroberfläche schwimmen.